Problemräume Europas   Band 10

Herausgeber: Prof. Dr. Hartmut Beck / Prof. Dr. Manfred Sträßer

Mezzogiorno

von

Prof. Dr. Horst-Günter Wagner

Aulis Verlag Deubner & Co KG
Köln

Inhaltsverzeichnis

1 **Problemstellung: Wirtschaftsräumliche Abseitslage?**

2 **Naturräumliche Grundstrukturen**
   2.1 Klimageographische Bewertung des hygrischen Risikos
   2.2 Reliefbedingte Differenzierung des Wirtschaftsraumes
   2.3 Differenzierte Leistungsfähigkeit des Wasserhaushaltes
   2.4 Die Böden: ökonomisch bedingte Degradierung eines entscheidenden Produktionsfaktors
   2.5 Vegetationshöhenstufen

3 **Der ländlich-agrarische Wirtschaftsraum**
      a) Getreidewirtschaftssysteme
      b) Viehhaltung
      c) Dauerkulturen
      d) Bewässerungswirtschaft

4 **Bevölkerungsentwicklung**
   4.1 Natürliche Bevölkerungszunahme
   4.2 Migrationsprozesse
   4.3 Erwerbsstruktur und Arbeitsmarkt

5 **Der städtisch-gewerbliche Wirtschaftsraum**
   5.1 Historische Stadtentwicklung
   5.2 Anfänge der industriell-urbanen Entwicklung
   5.3 Verstädterungsprozesse
   5.4 Area Metropolitana Neapel-Salerno

6 **Regionalpolitische Entwicklungsmaßnahmen**

7 **Industrialisierungsprozeß mit Entwicklungserfolg?**
   7.1 Bewertung der Standortbedingungen
   7.2 Wirkung und Effizienz der Industrialisierungsbemühungen

8 **Schlußbetrachtung: Abschwächung der Disparitäten?**

9 **Stichwortverzeichnis**

10 **Literaturverzeichnis**

Titelbild: Sarno — Niederung Provinz Neapel (Foto Wagner, 1989)

Best.-Nr. 5360
Alle Rechte bei AULIS VERLAG DEUBNER & CO KG, Köln, 1991
ISBN 3-7614-1352-1

Gesamtherstellung:
Druckerei KAHM GmbH, 3558 Frankenberg (Eder)

Die Deutsche Bibliothek — CIP-Einheitsaufnahme

Wagner, Horst-Günter:
Mezzogiorno / von Horst-Günter Wagner. — Köln: Aulis-Verl. Deubner, 1991
(Problemräume Europas; Bd. 10)
ISBN 3-7614-1352-1
NE: GT

1 Problemstellung: Wirtschaftsräumliche Abseitslage?

Der Mezzogiorno bildet nicht nur den wirtschaftsräumlich peripheren südlichen Teil Italiens, sondern nimmt auch innerhalb Europas in sozialer und ökonomischer Hinsicht eine Randlage ein. Die Abb. 1.1 weist anhand des Bruttoinlandsproduktes die Süd-Regionen der Apenninenhalbinsel im Vergleich zum Mittelwert der EG als stark benachteiligt aus, während in den industriegeprägten Gebieten der Poebene eine ähnlich gute Wertschöpfung erreicht wird wie in einigen mitteleuropäischen Wirtschaftsräumen. Auch wenn der Indikator „Bruttoinlandsprodukt" nur begrenzte Aussagefähigkeit besitzt, da er jeweils nur Durchschnittswerte ausweist, gibt er dennoch Anlaß genug zur Frage nach den Ursachen der wirtschaftsräumlichen Abseitslage, die noch heute mit der „italienischen Südfrage" die Innenpolitik Italiens und die Regionalpolitik der EG erneut nachhaltig prägt.

Das Mezzogiornoproblem hat offensichtlich eine tiefere historische Wurzel. Obwohl der Süden im Zeitalter der römischen Republik und während der Stauferzeit bedeutende wirtschaftliche Leistungen erbrachte, litt er über Jahrhunderte hinweg unter politischer Überfremdung. Sie hemmte die ökonomische Eigenleistung in ländlichen Gebieten ebenso wie in den Städten. Während die oberitalienischen und toskanischen Kommunen seit der Renaissance blühende Mittelpunkte ihrer Wirt-

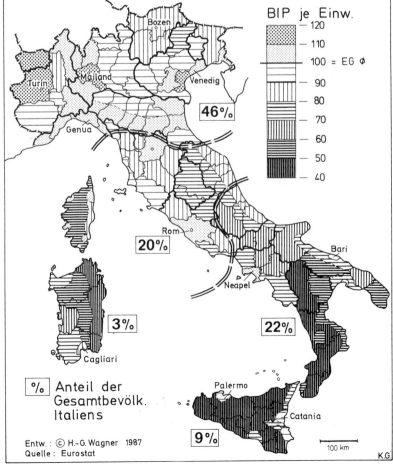

Abb. 1.1: Regionale Differenzierung des Bruttoinlandsproduktes nach Provinzen und einzelnen Wirtschaftsräumen, Mittelwert 1982/86 im Verhältnis zum Durchschnitt der EG.

schaftsräume wurden, Gewerbeerfahrung, Handelsorganisation und Kapitalkraft entfalteten, verharrte die Südbevölkerung in den Formen feudaler Gesellschaftsstruktur, deren Spätfolgen noch heute zu beobachten sind. Auch die staatliche Einigung Italiens 1861 bescherte dem Mezzogiorno keinen Aufstieg, sondern setzte ihn der harten Konkurrenz norditalienischer Märkte aus: Agrarsektor, Gewerbe und erste Industrie-Ansätze (Neapel) sanken in eine fast hoffnungslose Abseitslage zurück. Das heute verbreitete politische Mißtrauen gegenüber der zentralistischen Regierung in Rom und dem Norden allgemein hat hier seine entscheidenden Ursachen. Erst nach 1945 begannen Versuche, eine nachholende wirtschaftliche und soziale Entwicklung in die Wege zu leiten, die aus heutiger Sicht allerdings den Abstand zu Norditalien und Mitteleuropa nicht nachhaltig mindern konnte (*Hemmer/Aberle*, 1985).

In den folgenden Ausführungen wird deshalb im Rahmen einer Strukturanalyse des Mezzogiorno nach den Ursachen dieses Zurückbleibens zu fragen sein. Die physisch-geographischen Bedingungen des Landschaftshaushaltes der Südregionen (Kap. 2) spielen für diesen Erklärungsversuch sicher eine ebenso wichtige Rolle wie die Frage nach der Leistungsfähigkeit der Landwirtschaft und des ländlichen Raumes (Kap. 3). Die sozial- und bevölkerungsgeographische Dynamik (Kap. 4) und die Erwerbsstruktur geben Einblick in die aktuellen und zukünftigen Aufgaben der Arbeitsmarktpolitik. Schließlich ist der Blick auf das entscheidende Belastungsproblem, die Verstädterung zu lenken (Kap. 5). Inwieweit die Regionalpolitik (Kap. 6) und die moderne Industrialisierung (Kap. 7) Impulse geben sowie einen Aufwärtstrend auslösen konnten oder eine Gleichstellung des peripheren Mezzogiorno mit den übrigen Teilräumen Italiens überhaupt erreichbar sein könnte, bildet den Abschluß dieser Untersuchung.

2 Naturräumliche Grundstrukturen

Physisch-geographische Standortvorteile und Gefährdung des Landschaftshaushaltes

Die Beurteilung des Mezzogiorno als Lebens- und Wirtschaftsraum setzt eine Analyse der naturräumlichen Grundstrukturen voraus. Sie bieten für die wirtschaftliche Inwertsetzung vorteilhafte Standortfaktoren, bergen aber auch ökologisch bedingte Risiken. Andererseits ist zu fragen, in welchem Umfang die Landwirtschaft in historischer Zeit den Landschaftshaushalt geschädigt und somit selbst die Grundlagen der Existenzsicherung beeinträchtigt hat. Insofern stellt sich die Frage, wie sensibel die im Mezzogiorno vorhandenen Ökosysteme reagieren, wie belastbar sie sind und welche Regenerationsfähigkeit sie nach erlittener Störung besitzen.

2.1 Klimageographische Bewertung des hygrischen Risikos im Mezzogiorno

Infolge der zentralen Lage Süditaliens innerhalb des Mittelmeerraumes wird sein naturräumliches Gefüge von Winterregen und Sommertrockenheit bestimmt. Die Jahresmittel der Niederschläge nehmen von 1 600 mm in der Lombardei (Maximum im Oktober) auf 530 mm in Westsizilien (Trapani) und 480 mm in Apulien (Tarent sowie Calimera), mit Maximum jeweils im November/Dezember ab. In den Gebirgen steigen die Niederschlagsmengen auf bis zu 1 500 mm an. Die Jahresmitteltemperatur nimmt von 13 °C in der Poebene auf 18 °C im südlichen Mezzogiorno zu, damit vergrößert sich in planetarischer Richtung auch die potentielle Verdunstung. Diese Interferenz der wichtigsten Klimaelemente bewirkt eine Verlängerung der sommerlichen ariden Periode (Verdunstung > Niederschlag) von N nach S.

Die Abb. 2.1/1 und 2.1/2 veranschaulichen diesen planetarischen Wandel des thermischen und hygrischen Jahresganges sowie der zunehmenden Feuchtedefizite, die seit Beginn großflächiger Agrarerschließung zur Anpassung der agrarischen Existenzsicherung gezwungen haben: Verschiebung des Anbaus — soweit temperaturmäßig möglich — in die humide Jahresperiode und Entwicklung wassersparender Methoden bei der Bodenbearbeitung. Hohe Wärmesummen im Januar und

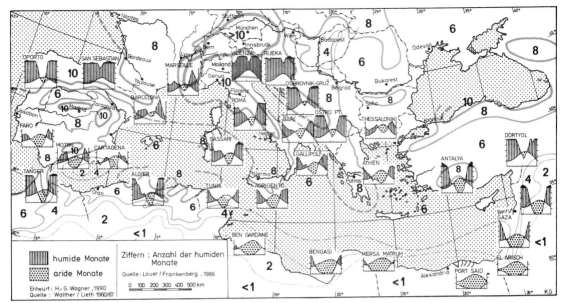

Abb. 2.1/1: **Klimaräumliche und jahreszeitliche Gliederung des Mittelmeerraumes mit Angabe der humiden Monate.**

Abb. 2.1/2: **Klimaräumliche Gliederung des Mezzogiorno.** Ausgewählte Klimastationen und die Angaben der ariden Monate zeigen den ausgeprägten N-S-Wandel der Klimaelemente. Der Niederschlag unterliegt im N-S-Profil zunehmender Abweichung vom langjährigen Mittelwert (Variabilität).

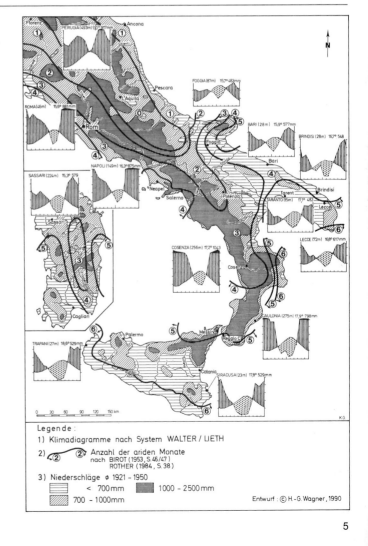

Bodenabtragung konnte *Seuffert* durch langjährige Geländeuntersuchungen in Sardinien im Detail nachweisen (1983, S. 287–341).

2.2 Reliefbedingte Differenzierung des Wirtschaftsraumes

Die großregionale Klimagliederung erfährt durch das vielgestaltige, kleingekammerte und auf geringe Distanz von großen Höhenunterschieden gekennzeichnete Relief eine für die anthropogene Inwertsetzung folgenreiche kleinräumliche Differenzierung. Hiervon hängen als entscheidende Steuerungsfaktoren Gewässernetz und Wasserhaushalt ab, deren Leistungsfähigkeit im Mezzogiorno gerade in der Gegenwart über die Wirksamkeit des endogenen Entwicklungspotentials bestimmen.

Der Mezzogiorno läßt sich bei gewisser Generalisierung in fünf Formentypen des Reliefs gliedern, die der zeitlichen Abfolge ihrer Morphogenese entsprechen. Den zentralen Gebirgsbereich bildet mit ca. 28 % der Fläche des Mezzogiorno der Apennin, der im Norden als ein System von verkarsteten Jurakalk-Ketten ausgebildet ist (Gran Sasso d'Italia 2914 m üNN, Abruzzen 2480 m üNN). Die südlichen Apenninbereiche sind niedriger (1 000–1 200 m üNN), bestehen aus weicherem Flyschmaterial (Mergel, Sandsteine, Tone), die bei Vegetationslosigkeit zu Rutschungen (Frane) neigen.

Als zweiter Relieftyp umrahmen den Apennin Berg- und Hügelländer (ca. 52 % Flächenanteil), die aus mittel- bis jungtertiären, morphologisch weicheren und sehr abtragungsanfälligen Ablagerungen bestehen. Hierzu zählen die südlichen Teile der Basilikata (Lukanien) und fast ganz Sizilien. In Apulien bilden flach lagernde, stark verkarstete Jura- und Kreidekalktafeln einen dritten Relieftyp. Geologisch und morphologisch seit dem Quartär bis zur Jetztzeit durch ständige Materialverfrachtung und Sedimentation jung entstandene, meist schmale und nur wenige größere Küstenbuchten und Schwemmlandgebiete (ca. 20 % Flächenanteil) präsentieren einen vierten charakteristischen Relieftyp Süditaliens. Teilweise bis in die 50er Jahre versumpft und malariaverseucht und erst jüngst melioriert, in der campanischen Niederung jedoch partiell bereits seit der Antike landwirtschaftlich genutzt, gehören diese morphodynamisch empfindlichen Litoralzonen heute zu den aktivsten, sehr dicht besiedelten Wirtschaftsräumen des Mezzogiorno. Umso stärker unterliegt allerdings ihr empfindlicher Landschaftshaushalt großen Gefährdungen. Schließlich ist der vulkanische Formenschatz zu nennen, dessen Genese auf die aktive tektonische Mobilitätszone hinweist, in der sich Süditalien befindet. Die Erdbeben der letzten Jahrzehnte in Campanien und in Westsizilien, die ständigen vertikalen Küstenbewegungen bei Pozzuoli bilden einen entsprechend hohen Risikofaktor. Die Erdbebenwahrscheinlichkeit erreicht hohe Werte im gesamten Kalkapennin, im Kristallin Kalabriens, im östlichen und westlichen Teil Siziliens.

2.3 Differenzierte Leistungsfähigkeit des Wasserhaushaltes

Die Gestaltung des Wasserhaushaltes im festländischen Süditalien sowie auf den Inseln resultiert aus dem Nord-Süd-Wandel der thermischen und hygrischen Klimaelemente und deren Feingliederung durch Relief (Oberflächengewässer) und geologischem Untergrund (Grund- und Karstwasserkapazität). Unterschiede ergeben sich zwischen den klimatisch vollmediterranen Berglandgebieten und Küstenniederungen einerseits (Wassermangelgebiete) und den höheren Gebirgsregionen (Abruzzen, Sila) andererseits, welche sogar während der Sommermonate einzelne Staulagen-Niederschläge empfangen.

Engen wie in den übrigen südmediterranen Regionen die physisch-geographischen Rahmenbedingungen das Feuchtangebot quantitativ und jahreszeitlich bereits entscheidend ein, so wurde im Laufe der zurückliegenden vier Jahrzehnte diese wichtige Ressource jeder wirtschaftlichen Aktivität infolge starken Nachfrageanstiegs durch Verstädterung der Küstensäume, Industrie- und Gewerbeentwicklung, Tourismus und ausgeweiteter Intensivbewässerungswirtschaft zu einem äußerst knapp bemessenen Produktionsfaktor. Der Wasserhaushalt stellt deshalb die entscheidende Schnittstelle zwischen endogenem naturräumlichen Potential und den Entfaltungsmöglichkeiten der sozio-ökonomischen Struktur Süditaliens dar. Deshalb konzentrierte sich auf seine Optimierung ein wesentlicher Teil aller regionalpolitischen Maßnahmen nach 1950.

Die Saisonalität des Jahresgangs der Niederschläge (vgl. Abb. 2.1/2) bestimmt mit einer geringen Phasenverschiebung den periodischen Abflußrhythmus der Oberflächengewässer. Stärkerer Glättung unterliegt der Jahresgang des Grundwassers und der daraus gespeisten Quellschüttung (Abb. 2.3/1). Wesentlich gleichmäßigere Jahresgänge der Flüsse treten auf, wenn ein Teil der Quellbäche aus humiden Gebirgshöhenstufen, aus Karstquellen gespeist wird. Am Beispiel des Sarno am Golf von Neapel wird die Verzögerung des Abflusses gegenüber dem Niederschlag im Einzugsgebiet bis in die trockenen Sommermonate

Februar ermöglichen in verschiedenen Küstenniederungen frühe, konkurrenzarme Erntetermine.

Das entscheidende Beziehungsgefüge zwischen klimageographischem Potential und landwirtschaftlicher Bodennutzung ergibt sich jedoch aus der Abweichung der jährlich fallenden Regenmengen von den Durchschnittswerten (Variabilität). Auch die Art des Niederschlags, das überwiegend torrentielle Abkommen als Starkregen, belastet den agrarischen Anbau wesentlich.

2.1.1 Niederschlagsvariabilität fördert ökonomisches Ertragsrisiko

Die mittlere Abweichung der jährlich fallenden Regenmengen vom Standardmittelwert beträgt in Lukanien (Basilikata) etwa 10 % und steigt im Inneren von Sizilien und Sardinien auf 15 % an (Abb. 2.3). Diese Variabilität bedingt eine im voraus nicht abschätzbare ökonomische Unausgewogenheit zwischen Aufwand und Ertrag. Um Risiken solcher Art zu vermindern, wurde bereits während des Höhepunktes der römischen Kolonisation im Mezzogiorno die Getreidebrachwirtschaft auf Basis einer Zweifeld- und Dreifeldrotation (z. B. Getreide–Weidebrache–Schwarzbrache) entwickelt, die das Feuchtedefizit verringert: Aufbrechen der Oberfläche vor der Regenzeit, (schnelles Versickern), Einebnen zwecks Kapillarzerstörung danach (Verdunstungshemmung), Speicherung und Ansammlung der Bodenfeuchte während der ein- oder sogar zweijährigen Brachphase bis zur nächsten Aussaat.

Auch unter den gegenwärtigen Bedingungen der sich ausdehnenden EG mit großräumlicher Homogenisierung der Marktgesetze schlagen hygrische Risiken, besonders die Niederschlagsvariabilität an semiariden Standorten des Trockenfeldbaus wieder stärker zu Buche. Zwar können die Ausfälle durch Einführung von Feldfutter auf den Brachflächen (z. B. Rotklee in Sizilien seit etwa 10 Jahren) reduziert werden. Die betriebliche Belastung bleibt jedoch prinzipiell erhalten, da infolge dürrebedingter Ertragsminderung die Produktionskosten relativ ansteigen und bei nivelliertem Verkaufspreisniveau konkurrierende Anbaugebiete Vorteile haben können. Naturräumliche Nachteile treten also gerade angesichts der Vereinheitlichung ökonomischer Marktbedingungen wieder stärker in den Vordergrund.

2.1.2 Hygrisches Risiko und Sozialstruktur

Im Mezzogiorno wirkte die Niederschlagsvariabilität über wirtschaftliche Konsequenzen hinausgehend bis in die Gestaltung sozialer Strukturen. Trockenheitsbedingte Mißernten führten in kleinen landwirtschaftlichen Pachtbetrieben besonders bei Getreidebau zur Verschuldung gegenüber dem Landeigentümer, weil der Pachtzins im Gegensatz zur Mezzadria in der Toskana (Pacht mit gleichmäßig verteiltem Risiko) in den meisten übrigen Landesteilen als fest vereinbarter Betrag ohne Rücksicht auf eine Ernteminderung zu entrichten war (fixierte Pacht). Wenn die Pachtschuld während der nächsten Jahre nicht abgetragen werden konnte, verlagerte sich die Haftung generationenübergreifend auf die Erben und verstärkte die persönliche Abhängigkeit innerhalb des feudalen Systems (*Vöchting*, 1951; *Schinzinger*, 1970, 1983). So entstanden ähnliche gesellschaftliche Strukturen, wie sie *Bobek* (1959) für den Iran als „rentenkapitalistische" Beziehungen beschrieben hat. *Monheim* (1972) sieht hierin, am Beispiel Siziliens dargestellt, bis in die Gegenwart wirkende Hemmnisse für Entwicklungsstrategien.

2.1.3 Torrentielle Niederschlagsregime fördern Bodenerosion und schwächen das Boden-Ökosystem

Im Nord-Süd-Profil nehmen zwar die mittleren Niederschlagssummen ab, ihr Regime wandelt sich jedoch schrittweise zu Starkregen, die besonders zu Beginn des Winters auftreten. In kurzer Zeit fallen oft räumlich begrenzt große Regenmengen mit geringer Versickerung, schnellem Oberflächenabfluß und hoher Abtragungsintensität, die proportional zur Abnahme der Vegetationsdichte ansteigende Wirkung erreicht. Das Fehlen der Vegetation kann reliefbedingt, durch Rodung und Weidewirtschaft ausgelöst, ariditätsabhängig oder aber — dies trifft für große Teilbereiche des Inneren Mezzogiorno bereits historisch zu — durch Nachlässigkeit bei der Bodenbearbeitung unmittelbar vom wirtschaftenden Menschen verursacht sein. Über Jahrhunderte hinweg unterlag das offene Ackerland mit Zwischenweide intensivster Freilegung des Oberbodens (*Tichy*, 1985, S. 133), der in jeweils kurzer Zeit nach dem Einsetzen des Starkregens als Lockermaterial in die Torrenten (Wildbäche) transportiert und erst in den größeren Tälern, Niederungen und Küstensäumen wieder abgelagert, in großem Umfang auch bis ins Meer verfrachtet wurde. *Tichy* geht davon aus, daß weite Teile der heute kahlen und verkarsteten Höhenbereiche des Mezzogiorno seit 2000 Jahren etwa einen Meter Bodenschichten, oft sogar das Mehrfache durch Abspülung verloren haben. Selbst auf dem jungen Rodungsland des 19. Jahrhunderts fehlt in der Basilikata bereits etwa ein halber Meter Boden (*Tichy*, 1962, S. 120). Ähnliche Zusammenhänge zwischen Landwirtschaft und beschleunigter

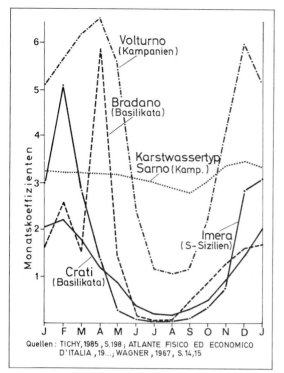

Abb 2.3/1: Jahreszeitlicher Abflußrhythmus süditalienischer Flüsse. Eine Ausnahme bildet der Karstwassertyp.

sichtbar, während derer der Bedarf für künstliche Bewässerung am stärksten ist. Hierauf basierte ein Teil der traditionellen Intensivnutzung im Agrarraum der „Campania felix" seit der Antike.

Relativ schwierig gestalten sich Aussagen über die Quantität des innerhalb Süditaliens nach S zunehmenden Feuchtedefizites. Nach Abzug der Verdunstung gelangen am Alpensüdrand bis zu 2000 mm in den Oberflächenabfluß, in großen Teilen Siziliens und Sardiniens nicht mehr als 100 mm (nach *Tichy*, 1985, S. 170). Diese Mengen sind in den Südgebieten zu gering, um die Grundwasserreserven zu ersetzen, die der Mensch zu verschiedenen wirtschaftlichen Zwecken entnimmt. Diesem nach der staatlichen Einigung Italiens 1861 relativ bald anerkannten Problem galten zahlreiche wasserbautechnische Projekte. Nach längerer Vorbereitung entstand als erste Maßnahme zwischen 1906 und 1939 der ca. 260 km lange „Acquedotto Pugliese". Er leitet Wasser aus den Sele-Quellen (Kampanien) über den Apennin nach Apulien und verteilt es auf insgesamt 3500 km Kanäle. Bereits zu Beginn der 60er Jahre konnte der Bedarf wegen stark ausgeweiteter Bewässerungs- sowie Industrieanlagen und wegen hoher Versickerung aus den erneuerungsbedürftigen Kanälen nicht mehr gedeckt werden (*Rother*, 1980). Die Cassa per il Mezzogiorno und der Europäische Regionalfond finanzierten in allen Regionen Süditaliens eine Vielzahl kleinerer und größerer Staudämme für Trink- und Brauchwasser. Der jüngste und zugleich zweitgrößte Rückhaltespeicher Europas wurde 1986 am Locone (Ofanto-Nebenfluß) eingeweiht (115 Mio. Kubikmeter).

Versucht man die natürlichen und anthropogenen Komponenten der hydrographischen Systeme des Mezzogiorno regional vergleichend zu bewerten, so kristallieren sich die folgenden kritischen Probleme heraus: Der Wasserbedarf übersteigt zunehmend das hydrologische Angebot. Selbst die nur wenigen regenarmen Winter 1988–1990 führten bereits zur fast restlosen Leerung der nunmehr umfassenden Überjahresspeicher. Vielleicht fördert sogar eine mittlerweile eingetretene technisch perfekte Ausstattung mit Talsperren und weitverzweigten Verteilersystemen die Entnahmefreudigkeit. Sie liegt jedoch nicht im siedlungs- und bevölkerungsmäßig stagnierenden Gebirgs- und Bergland mit stark aufgelassener landwirtschaftlicher Nutzfläche, sondern konzentriert sich auf die verdichteten Küstenräume. Trotz hoher Investitionen ist die Wasserversorgung der wachsenden Stadtregionen problematisch. In den älteren Kernen müßten die Leitungssysteme ausgewechselt werden, um die Sickerverluste zu reduzieren. Andererseits fördert das in den Litoralzonen fast überall verfügbare Trink- und Brauchwasser den nahezu unkontrolliert und weitgehend genehmigungslos verlaufenden Urbanisierungsschub mit flächenhafter Zersiedlung. Im Randbereich der Verdichtungsräume greifen ihre Flächenansprüche mit stark steigenden Bodenpreisen auf landwirtschaftliche Gebiete über. Völlig unzureichend ist zudem die nur mit höchstens ca. 30 % durch Kläranlagen gefilterte Brauchwasserentsorgung in allen Küstenräumen. Nicht nur sämtliche Flüsse, sondern auch küstennahe Meeresgewässer leiden auf großen Strecken unter hoher Schadstoffbelastung. Im Golf von Neapel lag u. a. der Gehalt an Kolibakterien bereits 1982–1986 um den Faktor 100 über den gesetzlich zulässigen Grenzen (*Paoletti* u. a., 1988; *Maury*, 1984; *Wagner*, 1985; sowie zahlreiche Presseartikel bis 1990).

2.4 Die Böden: Ökonomisch bedingte Degradierung der entscheidenden Produktionsbasis

Das räumlich differenzierte Gefüge von Bodentypen und -arten des Mezzogiorno ist das Ergebnis der Wechselwirkung eines breiten Spektrums sehr unterschiedlicher Prozesse: Verwitterung, Bodenbildung, Abtragung und Sedimentation, jahrhun-

Abb. 2.4/1: Degeneration von Vegetation und Böden in Süditalien ist eine Folge jahrhundertelanger unsachgemäßer landwirtschaftlicher Bodennutzung, oft in steiler Hanglage: Basentotal bei Albano, Basilicata. — Foto: *Wagner*, 1989.

dertelanger Konflikte forstlicher und agrarischer Nutzung mit den Ökosystemen, eigenständiger pedologischer Regenerationsfähigkeit, Melioration und Überdüngung. Nach *Mancini* (1966) bieten nur die Küstenebenen (Kampanien, Catania, Campidano in Sardinien) sowie Teile der apulischen Kalktafel sehr gute bis gute bodenbedingte Ertragsfähigkeit: Alluvialböden und Parabraunerden. In den Berglandgebieten erlauben überwiegend bereits profilgeschädigte rote und braune Kalksteinböden mittlere Ergebnisse. Wesentlich schwierigere Ausgangsbedingungen kennzeichnen die Gebirgsstufe des Kalkapennin und der Kristallinmassive (Kalabrien), heute typische Grenzertragsböden auf vielfach aufgelassenen terrassierten Steilhängen. Insgesamt spiegelt die gegenwärtige Situation der Böden Süditaliens in Teilbereichen eine fast ununterbrochene zweitausendjährige Übernutzung der entscheidenden Produktionsbasis in einem sensiblen Landschaftshaushalt wider, mit entscheidenden Ursachen und Folgen in der sozialen Sphäre (Abb. 2.4/1 und 2.4/2; *Völkning*, 1951; *Schinzinger*, 1970, 1983; *Tichy*, 1985, S. 123–140).

2.5 Vegetationshöhenstufen — Ergebnis natürlicher und anthropogener Regelkreise des Landschaftshaushaltes

Die räumliche Differenzierung von Relief, Klimaelementen, Böden und Hydrosystem entwickelte unter dem Einfluß historisch wechselnder Nutzungsintensität auf der Apenninenhalbinsel — leicht generalisiert — ein Höhenprofil charakteristischer Pflanzengemeinschaft mit nach Süden, sowie von der tyrrhenischen zur adriatischen Seite ansteigenden Grenzen zwischen den einzelnen Stufen (Abb. 2.5/1 und 2.5/2). Klimatisch war Italien ein Land des Laubwaldes, dessen Bestände fast durchgehend infolge anthropogener Eingriffe degradiert wurden.

Mediterrane immergrüne und xerophile (trockenheitsresistente) Arten, z. B. Steineiche, Pinien,

Abb. 2.4/2: Vorläufiges Endstadium der Bodenzerstörung und Abtragung auf einem durch Trockenfeldbau (Getreide) übernutzten Hang in tertiären Mergeln. Basilicata, mittleres Basentotal. — Foto: *Wagner*, 1971.

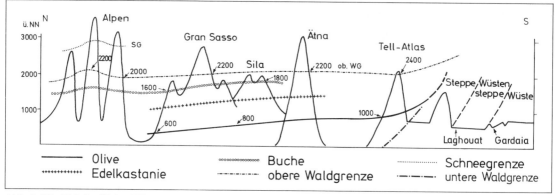

Abb. 2.5/1: N-S-Profil der Höhengrenzen wichtiger Leitpflanzen der Pflanzengesellschaften des zentralen Mittelmeerraumes.

ätherische Straucharten wie Erdbeerbaum, Baumheide, Zistrosen, Juniperus, Wilder Ölbaum prägen eine Fußstufe bis ca. 600 m üNN im Norden, bis 800 m üNN im Süden. Als Kulturpflanze dominieren hier Ölbaum, Rebe, Agrumen und früher Maulbeerbaum (Seidengewinnung). Darüber steigen submediterrane, sommergrüne, im Winter laubwerfende Eichenbestände (sie waren bis an die Schwelle der Gegenwart Ziel umfangreicher Waldweide), sowie Hainbuchen, regional von dichten Edelkastanienwäldern (Frucht- und Holznutzung) durchsetzt. Weiterhin folgen in der Gebirgsstufe Süditaliens ab 1 600/1 800 m üNN Stechpalmen, Laricio-Kiefern (Sila, Aspromonte), darüber Buchen bis zur oberen klimatischen Waldgrenze am Ätna bei 2 300 m üNN.

Allmähliche Rodung hat offenbar bereits in der römischen Kaiserzeit den Wald zwischen Küste und Bergland weitgehend zurückgedrängt (Tichy, 1985, S. 235). Wüstungsphasen mit Waldregeneration, erneute Rodung ohne Nachforstung, Zerstörung durch Weide, Feuer und Energiebedarf (Holzkohle), Bestandsveränderung infolge Verbreitung neuer Arten (Edelkastanien), stets jedoch in enger Korrelation mit Zunahme der Bevölkerung und deren Landhunger stellte sich ein tiefgreifend vom Menschen überformter Vegetationsbestand ein. Dieser Prozeß mündete im 19. Jahrhundert angesichts verstärkten demographischen Wachstums, aber nicht entsprechend vermehrbarer landwirtschaftlicher Tragfähigkeit in flächenhafte Ausweitung des Ackerlandes (Mancini, 1979). Variantenreiche, jahreszeitlich wechselnde Weidewirtschaft (Transhumanz) vernichtete auch höherwüchsige Pflanzen. Feuer erneuerte zwar kurzfristig die Weidekapazität, beseitigte jedoch die Holzbestände. Torrentielle Starkregen setzten über Bodenerosion diese Degenerationskette der montanen Ökosysteme fort. Die dadurch verminderte Speicherkapazität der Roh- und Skelettböden schwächte die Leistungsfähigkeit des Grundwasserhaushaltes nachhaltig und langfristig bis in die Gegenwart. So ist die resultierende „mediterrane" Vegetationsgesellschaft der Macchie letztlich eine anthropogene Degradationsstufe des ursprünglichen Waldes. Sie hat mit ihrem heutigen Zustand zwar oft ein quasinatürliches ökologisches Gleichgewicht erlangt, die Anfälligkeitsschwelle für erneute Störungen liegt jedoch niedrig. In Abb. 2.5/3 werden die wesentlichsten Zusammenhänge zwischen Vegetation und Nutzung schematisch dargestellt. In einer lokalen Situation verlaufen die angedeuteten Prozesse wesentlich komplizierter. Deshalb stellen sich noch heute den Aufforstungsmaßnahmen, dem Weide- und Feuerverbot Widerstände entgegen.

Das heutige Wald- und Vegetationsgefüge des Mezzogiorno läßt den fast zweitausendjährigen Konflikt zwischen Landnutzung und deren ökologischen Grundlagen erspüren. Da im subtropischen Wechselklima der Landschaftshaushalt auf Eingriffe des Menschen sensibler, schneller und regenerationsschwächer reagiert als in den Mittelbreiten und ein stabilisierter Wasserhaushalt die entscheidende Grundlage aller Entwicklungsmaß-

Abb. 2.5/2: W-E-Höhengrenzprofil ausgewählter Pflanzengesellschaften in Kalabrien. 1 = mediterrane Fußstufe. 2 = mediterrane Stufe mit immergrüner Hartlaubvegetation (Steineiche). 3 = submediterrane Stufe (thermo-mesophile Eichen). 4 = untere Gebirgsstufe (Buchen). 5 = obere Gebirgsstufe (Eichen). — Quelle: Tichy, 1985, S. 230, Fig. 24.

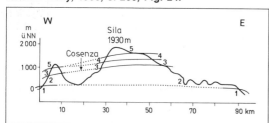

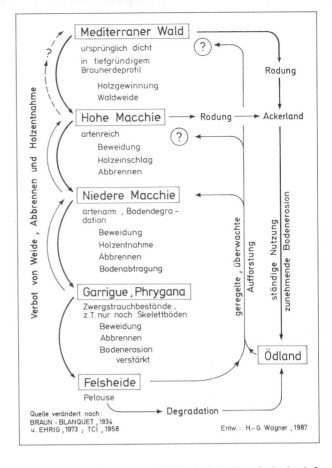

Abb. 2.5/3: Schema der Degradierung und potentiellen Regeneration mediterraner Vegetation unter anthrophogenem Einfluß.

nahmen in Süditalien ist, sollte den Bemühungen um eine Revitalisierung der Waldbestände im zukünftigen Zielspektrum der Regionalpolitik die höchste Wertigkeit zukommen. Die Wirklichkeit weicht von diesem Leitbild noch weit ab. Die seit 1950 sorgsam gepflegten und deshalb erfolgreichen Aufforstungen (Abb. 2.5/4) zeigen jedoch, daß eine Verbesserung der Waldökosysteme möglich ist und wahrscheinlich billiger gewesen wäre als die extreme Ausweitung des störungsanfälligen Systems von Stauseen und Fernwasserleitungen.

Abb. 2.5/4: Aufforstung von zuvor völlig erodierten Mergelhängen. Mittleres Basentotal, Basilicata. Im Hintergrund die Bergstadt Pisticci. — Foto: *Wagner*, 1984.

3 Der ländlich-agrarische Wirtschaftsraum

Die Agrarräume Italiens und insbesondere diejenigen des Mezzogiorno zeichnen sich im EG-Vergleich durch starke Ambivalenz aus: Traditionellen, wenig wandlungsfähigen Strukturen stehen moderne Produktionszweige mit industrieller Verarbeitung und Exportorientierung gegenüber. Diese Doppelgesichtigkeit hat vielfältige Ursachen. Sie beruhen einerseits auf bereits historisch sehr komplizierten sozialen, ökonomischen, politischen und naturräumlichen Bedingungen sowie den hohen Ertragsrisiken. Andererseits ergab die staatliche Einigung Italiens ab 1861 bei gleichzeitiger Favorisierung der norditalienischen Agrargebiete eine Verstärkung der bereits wesentlich älteren regionalen und ökonomischen Abseitslage, von der sich der Mezzogiorno bis heute nur unter rein verkehrsgeographischen Aspekten (vorzüglicher Straßenausbau) erholt hat. In Süditalien sind vier Agrarlandschaftssysteme zu unterscheiden.

a) Die Getreidewirtschaftssysteme im östlichen Süditalien sowie im Inneren von Sizilien bieten noch heute für ein Drittel der dortigen Bevölkerung die entscheidende Existenzbasis. Der wassersparende Trockenfeldbau mit zwischengeschalteter ein- bis zweijähriger Brachbearbeitung speichert Bodenfeuchte für die eigentliche Anbauphase und gleicht damit die natürliche Niederschlagsunsicherheit aus. Die Ertragslage war in diesen Gebieten jedoch auch wegen der Betriebsstrukturen risikobelastet, obwohl Sizilien wegen seiner Exporte stets als „Kornkammer" geopolitisch eine wichtige Rolle innerhalb des Mittelmeerraumes spielte. Das vorherrschende Großeigentum wurde entweder mit Hilfe von meist saisonalen Lohnarbeitskräften bewirtschaftet, die in zentralen, noch heute das Siedlungsbild einiger Teilräume (Sizilien) bestimmenden Stadt-Dörfern („Agrostädten", vgl. *Monheim*, 1969 und 1972) lebten. Das Betriebssystem war überwiegend aufwandextensiv: Bei geringen Unkosten und vernachlässigter Bodenpflege stellten sich relativ hohe Gewinne ein, auch bei insgesamt niedrigem Getreidepreisniveau (*Vöchting*, 1951; *Schinzinger*, 1970). Wesentlich nachteilige Wirkungen hatte diese Methode für das Ökosystem Boden, da der Anbau — wie noch heute zu beobachten ist — ohne Rücksicht auf Relieftyp und Hangsteilheit erfolgte und deshalb Bodenerosion förderte (*Gerold*, 1982). Verpachtete Kleinbetriebe dieses Großeigentums litten neben vielen Abgaben unter fest fixiertem Pachtzins, der sich bei Mißernten nicht änderte und deshalb zu oft generationenübergreifender Schuldabhängigkeit führte. Besondere Initiativen zu neuen Anbauformen konnten die Pächter unter diesen Umständen kaum entwickeln. Die feudalen Verpächter und Bodeneigentümer zogen aus dieser von Ertragskrisen weitgehend sicheren Bodenrente ein relativ gleichmäßiges Einkommen. Dem bäuerlichen Kleineigentum eröffneten sich keine wesentlich günstigeren Möglichkeiten, da die Gestaltung von Agrarpreisen und Vermarktung einem festgefügten Händlersystem in mafiöser Abhängigkeit vorbehalten war.

Die Boden- und Eigentumsreform nach dem zweiten Weltkrieg muß zumindest im Innern des Mezzogiorno als gescheitert angesehen werden. Die neu ausgelegten Betriebe waren zu klein (ca. 15 ha), die neuen Bauern verfügten kaum über geschäftliche Erfahrung und wanderten deshalb vielfach in die nördlichen Industriegebiete ab (*Schinzinger*, 1983). Wenn auch angesichts der Getreidepreisentwicklung in der EG und zahlreicher Konkurrenzräume (*Wagner*, 1988) die Chancen der süditalienischen Getreidewirtschaft außenhandelsmäßig gering sind, so bleibt die Versorgung des Binnenmarktes als wichtige Aufgabe: Zwischen 1950 und 1983/88 stieg die Weizenernte Italiens nur von 8 auf 10 Mio t. Der Selbstversorgungsgrad bei Getreide liegt lediglich bei 80 % (Fleisch 70 %, Milch weit darunter).

b) Die traditionelle Viehhaltung, ursprünglich auf Transhumanzbasis zwischen Gebirge und (nunmehr weitgehend auch besiedelten) Küstenniederung betrieben, ist fast vollständig aufgegeben worden (*Sprengel*, 1971). Auch die kleinräumige Beweidung in peripheren Teilen von Berglandgemeinden hat stark abgenommen. Damit ist eine Revitalisierung der degradierten Vegetation, eine Aufstockung von niedrigen Macchien zu höheren

Beständen sowie eine Verbesserung des Waldzustandes in den mittelhohen und höheren Teilen des Mezzogiorno eingetreten, die den Wasserhaushalt fördert. Moderne Viehzucht konnte sich in den entsumpften Küstenniederungen, z. B. am Sele, Garigliano und Volturno mit industrieähnlicher Verarbeitung entwickeln.

c) Ein ähnlich grundlegender Wandel zu Modernisierung und Betriebsvereinfachung vollzog sich seit Mitte der 60er Jahre — wenn auch mit großen regionalen und höhenstufenmäßigen Unterschieden — bei den traditionellen Fruchtbaumkulturen. Als „Coltura promiscua" basierten die stark gemischten Stockwerkkulturen (Gemüse, Reben, Obstbäume) auf breiter Arbeitskraftkapazität generationsübergreifender Großfamilien, boten aber wegen ihrer Vielfalt bei Mißernten oder schlechten Marktpreisen einen hinreichenden Risikoausgleich. Schon die erste Gastarbeiterwelle verursachte einen Trend zur Betriebsvereinfachung (Nebenerwerbslandwirtschaft, Ausscheiden der jüngeren Familienmitglieder aus der Betriebs- und Arbeitsgemeinschaft). Die traditionellen Mischkulturen bestimmen das Bild der Agrarlandschaft zwar noch, ihre wirtschaftliche Bedeutung ist jedoch stark gesunken.

Wirklich marktfähig sind nur noch spezialisierte Kulturen mit hohem Maschinen-, oft unkontrolliertem Pestizid- und Düngeraufwand und weitreichendem Absatz: Haselnußbestände in Campanien (mit 100 000 t ein Viertel der Weltproduktion an zweiter Stelle nach der Türkei), Agrumen in Küstenebenen und sanft ansteigenden Hanglagen (Golf von Metapont, Seleniederung, Simetoebene südlich Catania), Aprikosen und Pfirsiche in industriemäßiger Produktion (Salerno-Battipaglia). Moderne Bewässerungstechniken (Tropf- und Wurzelbewässerung jeweils mit Plastikschlauchsystemen zwecks Wasserersparnis und Verdunstungsminderung) gespeist durch Stauseen und Fernwasserleitungen erlauben auch in marktferner Lage, jedoch unter Ausnützung milder Spätwinter- und Frühjahrstemperaturen leistungsfähige Fruchtbaum(mono)kulturen in den Meliorationsgebieten Apuliens, Siziliens und Sardiniens, sowie in den kleinen Küstenhöfen Kalabriens (*Rother*, 1987).

Die Rebe spielte seit der Antike im Mezzogiorno eine große Rolle, meist im Coltura-Mista-Verbund. Der gekelterte Landwein fand mit wenigen Ausnahmen seinen Absatz im Süden Italiens. Seit Beginn der 70er Jahre forciert man die Erzeugung von Qualitätsweinen mit größeren Marktreichweiten. Die Produktion von Tafel- und Weintrauben erfolgt auf den weiten Kalktafeln des Tavoliere in Apulien, sowie in Meliorationsgebieten Siziliens in spezialisierten Anlagen mit hohen Hektar-Erträgen (200–250 dt/ha). Beide Regionen erzeugen mehr als ein Drittel von Trauben und Wein Italiens und tragen damit bereits zur Überproduktion bei. Apulien steht auch mit seinen ausgedehnten Olivenhainen an der Erntespitze des traditionell wichtigsten Fettspenders auf der italienischen Speisekarte. Allerdings melden mediterrane Konkurrenten (Spanien, Nordafrika) ihre preiswerten Gegenangebote an.

d) Den vierten wichtigen Agrarlandschaftstyp des Mezzogiorno bildet die Bewässerungswirtschaft. Ihre traditionelle Form basiert auf kleinsten Betriebsflächen, erfordert bei 3–4 Ernten pro Jahr und einer großen Anzahl zeilenweise wechselnd angebauter Gemüsearten hohen manuellen Arbeitsaufwand, profitiert von milden Wintertemperaturen und meist auch von genügend sommerlichem Bewässerungswasser aus Motorbrunnen und liefert gute Reinerträge (*Wagner*, 1967). Der Grundtyp dieser Agrarlandschaft konnte sich mit einer gewissen Kontinuität seit der Antike („Campania Felix") in der Ebene am Golf von Neapel entwickeln und ermöglichte mit seiner hohen Tragfähigkeit auch im ländlichen Raum Bevölkerungsdichten, die sonst nur in urbanen Räumen des Mittelmeergebietes auftreten (ca. 3 000 E/qkm). Im Verlauf der beiden letzten Jahrzehnte setzte sich auch hier eine Nutzungsvereinfachung durch. Ursache sind die Abwanderung aus der Landwirtschaft und das Angebot von Industriearbeit im Norden sowie das Vorbild moderner Bewässerungsgebiete z. B. am Golf von Metapont (*Rother*, 1971, 1980). Die Verminderung des Arbeitskraftangebotes, die Expansion der Verstädterung und damit ansteigende Bodenpreise sind wichtigste Impulse für die Wandlungen des traditionellen Bewässerungsgartenbaus: Kulturen unter Plastikfolien, Umstellung auf hochwertige Produkte (Konservengemüse) und Blumenanbau schützen die Landwirtschaft im Randbereich der wachsenden städtischen Verdichtungsräume noch vor der urbangewerblichen Flächenkonkurrenz, wie im Umland von Neapel gut zu beobachten ist (*Wagner*, 1990). Die Abb. 3/1 und 3/2 vermitteln einen Eindruck von der Verzahnung unterschiedlichster Nutzungen am SW-Hang des Vesuv.

Die seit dem zweiten Weltkrieg nach Beseitigung der Malariagefahr mit starker staatlicher Subvention völlig neu angelegten Irrigationsgebiete verzeichnen bislang befriedigende Absatzerfolge: Selemündungsgebiet, Apulien, Metapont, Simetoebene (Sizilien), Campidano (Sardinien). Sie ernähren jedoch weitaus weniger Menschen als die traditionellen Bewässerungsformen, gefährden wegen starker Chemisierung den Landschaftshaushalt der Küstenebenen und stellen wegen des

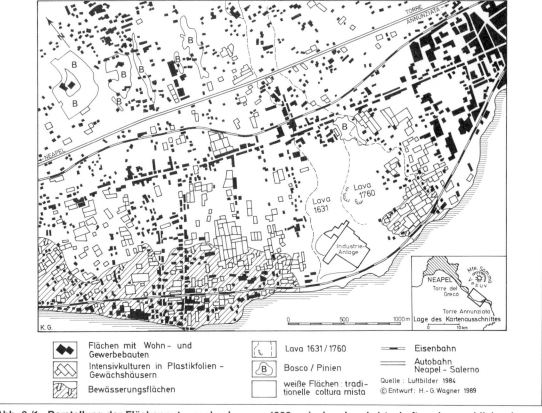

Abb. 3./1: Darstellung der Flächennutzungskonkurrenz 1989 zwischen Landwirtschaft und gewerblich-urbanen Funktionen südlich des Vesuv, Golf von Neapel. Vgl. Foto der Abb. 3/2.

zunehmenden Wasserverbrauchs die Gesamtversorgung vor schwierige Zukunftsprobleme (*Gerold* 1979, 1982).

Versucht man eine Bewertung der süditalienischen Landwirtschaft, so kristallisiert sich hinsichtlich Kosten, Erträgen und Produktivität eine insgesamt wesentlich höhere Leistungsfähigkeit in Mittel- und Norditalien heraus. Die in weiten Teilbereichen des Mezzogiorno (trotz Großeigentums!) sehr geringen Betriebsgrößen bilden ebenso ein wesentliches Entwicklungshemmnis wie die Gefährdung des Boden-Ökosystems. Bodenerosionsbekämpfung, Aufforstung, Stabilisierung des Wasserhaushaltes sollten deshalb besonders im Interesse der Landwirtschaft im Vordergrund der zukünftigen Förderungsmaßnahmen des Mezzogiorno stehen.

Abb. 3/2: Blick auf die durch Flächennutzungskonkurrenzen (Pinien auf Lava, traditionelle coltura mista, Folienkulturen, Verstädterung, Gewerbe und Industrie) geprägten Hangbereiche südlich des Vesuv 1989 (identisch mit Abb. 3/1). Foto: *Wagner*, 1989.

4 Bevölkerungsentwicklung im Mezzogiorno

Die Bevölkerungsentwicklung des Mezzogiorno ist eine der Ursachen und zugleich Folge des wirtschaftsräumlichen Kontrastes zwischen Nord- und Süditalien. Diese These sei an den Beginn der folgenden Überlegungen mit der Absicht gestellt, die Strenge der angedeuteten bilateralen Interdependenz zu prüfen und nach weiteren, möglicherweise übergeordneten, also beide Sphären steuernden Einflußfaktoren zu fragen.

Wie in den übrigen Staaten Europas vollzog sich mit dem Übergang vom Agrar- zum Industrieland im Rahmen des „demographischen Übergangs" eine grundlegende Änderung des generativen Verhaltens. Sie setzte in Italien jedoch später als in Mitteleuropa ein, mit der letzten entscheidenden Phase erst nach dem Ende des zweiten Weltkrieges, verlief dann jedoch wesentlich schneller und mit starken zeitlichen Unterschieden zwischen den nördlichen und südlichen Landesteilen. Die Einwohnerzahl Italiens insgesamt stieg von 13,4 Mio. um 1700 auf 18,3 Mio. (1800) um ein Drittel, danach nahm die Wachstumskurve einen zunehmend steileren Verlauf. Zwischen der staatlichen Einigung 1861 (26,3 Mio.) und 1961 erfolgte trotz des negativen Auswanderungssaldos von ca. 8 Mio. fast eine Verdoppelung auf 50,5 Mio. Seitdem wuchs die Wohnbevölkerung trotz weiterer Emigration auf 57,4 Mio. (1988), läßt seit 1980 allerdings eine Tendenz zur Stagnation erkennen.

Die heutige demographische Situation des Mezzogiorno und Italiens insgesamt resultiert aus einer seit 1861 markant veränderten räumlichen Verteilung der Bevölkerung. Zu Beginn dieses Zeitraumes traten nur die seinerzeit schon industrialisierten Stadtregionen des Nordens, z. B. Mailand, Turin, Teilbereiche der Lombardei, die toskanische Küste sowie die agrarisch intensiv genutzte Litoralzone Kampaniens mit höheren Bevölkerungsdichten hervor. Ab ca. 1900 setzte Abwanderung aus den Gebirgen ein und begann die Küstensäume zu füllen. Bald folgte — neben der Auswanderung — die nach Norditalien gerichtete Migration. Trotz dieser Umverteilung konnten die einzelnen Landesteile wegen stets höherer Geburtenüberschüsse in Süditalien und sinkender, wenn auch regional unterschiedlicher natürlicher Zuwachsraten der nördlichen Landesteile ihren jeweiligen relativen Anteil an der Gesamtbevölkerung fast bewahren (Tab. 4/1). Diese Ausgewogenheit weist auch die absolute Verdopplung im Norden und Süden aus. Die zentralen Landesteile gewannen dagegen überproportional: Hier machte sich das späte und nachholende Wachstum der Metropole Rom bemerkbar.

4.1 Natürliche Bevölkerungszunahme

Das generative Verhalten änderte sich mit zunehmender räumlicher Mobilität und Industrialisierung. Betrachtet man Italien ingesamt, so ergibt sich folgendes Bild: Seit Beginn des Jahrhunderts stiegen die Geburtenüberschüsse auf über 14 pro 1 000, nach dem zweiten Weltkrieg erfolgte dann wegen Verminderung des natürlichen Wachstums von 7,1

Tab. 4/1: Bevölkerungverteilung 1971–1987

	1871		1921		1961		1981		1987	
	Mio.	%	Mio.	%	Mio.	%	Mio.	%	Mio.	%
Norden	12,3	45,2	18,2	46,5	22,9	45,2	25,7	45,4	25,5	44,5
Süden	10,2	37,5	14,4	36,7	18,5	36,4	20,0	35,4	20,9	36,4
Mitte	4,7	17,3	6,6	16,8	9,3	18,4	10,8	19,2	10,9	19,9
	27,2		39,2		50,7		56,5		57,3	

Quelle: Annuario Statistico Italiano, ISTAT, Rom, jährlich. Regionale Aufteilung: Süden = Mezzogiorno: Campania, Abruzzi und Molise, Puglia, Basilicata, Calabria, Sicilia, Sardegna; Mitte: Emilia/Romagna, Toskana, Umbria, Marche, Lazio.

Tab. 4.1/1: Natürliche Bevölkerungszunahme in Italien 1881–1985 in ‰

	1881 bis 1890	1901 bis 1910	1921 bis 1930	1941 bis 1945	1946 bis 1950	1951 bis 1960	1961 bis 1970	1971 bis 1975	1976 bis 1980	1981 bis 1985
Mezzogiorno[1]	10,8	9,8	13,7	8,7	16,1	14,3	12,5	9,8	6,3	5,2
Norden/Mitte	10,6	11,2	10,7	3,2	7,0	4,5	5,2	4,3	0,2	−1,5

[1]) Mezzogiorno umfaßt folgende Regionen: Abruzzen, Molise, Kampanien, Apulien, Basilikata, Kalabrien, Sizilien, Sardinien.
Quellen: Statistiche sul Mezzogiorno, SVIMEZ, Rom 1954, S. 62 und Annuario di statistiche demografiche, jährlich

auf 1,5 pro 1 000 bis zur Mitte der 70er Jahre die Anpassung an Mitteleuropa umso schneller. Während 1970 die Geburtenzahl noch um 380 000 höher war als die Sterbefälle, schrumpfte dieser Gewinn bis 1987 auf 25 000. Hierin spiegelt sich die hohe Geschwindigkeit des sozial-ökonomischen Wandels. Allerdings vollzog er sich räumlich differenziert und entsprechend phasenverschoben. Um die Jahrhundertwende hielten sich die Geburtenüberschüsse in Nord- und Mittelitalien und im Mezzogiorno noch etwa die Waage, rund 11 pro 1 000. Wegen abnehmender Sterberaten stiegen sie danach im Süden an, im Norden sanken sie trotz andauernder Zuwanderung von überwiegend jüngeren Bevölkerungsgruppen aus den südlichen Landesteilen ab. Nach dem zweiten Weltkrieg (1950/60) bestand noch immer ein großer regionaler Kontrast der Geburtenüberschüsse: 14,3 (Süden) gegen 4,5 pro 1 000 (Norden/Zentrum). Seit Beginn der 80er Jahre rutschte der natürliche Zuwachs unter den Nullwert ab, aber auch im Süden gehört die Geburtenfreudigkeit der Vergangenheit an. (Tab. 4.1/1). Im Mittel der zurückliegenden 5 Jahre betrug der Saldo zwischen Geburten

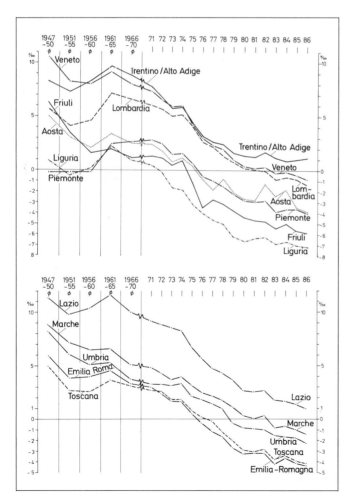

Abb. 4.1/1: Änderung der Geburtenüberschüsse 1947–1986 nach Regionen Nord- und Mittelitaliens. Berechnet nach Annuario di Statistiche Demografiche, jährlich (ISTAT).

Abb. 4.1/2: Änderung der Geburtenüberschüsse 1947–1986 nach Regionen des Mezzogiorno. Quelle wie Abb. 4.1/1.

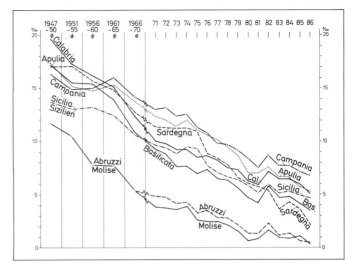

und Sterbefällen in Nord-/Mittelitalien ca. −75 000, im Mezzogiorno ca. +100 000. Zu beachten ist freilich bei verfeinerter Betrachtung, daß die Veränderung der Bevölkerungsweise (*Mackenroth*) nicht pauschal als Nord-Süd-Gegensatz gedeutet werden kann. Vielmehr weisen sowohl im Süden als auch im Norden die jeweiligen sozialen und wirtschaftlichen Bedingungen, sowie räumlich differenzierte traditionelle Wertvorstellungen Regionen mit unterschiedlichem generativen Verhalten aus.

Wie in den Abb. 4.1/1–2 verdeutlicht wird, herrschen in Piemont und Ligurien bei insgesamt niedrigstem Ausgangsniveau generative Normen, die am weitesten an spätindustrielle Vorbilder angepaßt sind. Ähnlich verhalten sich Lombardei und Veneto. In Mittelitalien (Toskana, Emilia/Romagna) bahnen sich ähnliche Verhältnisse an. Auch in Latium (Großraum Rom) war die nachholende, migrationsbedingte Phase hohen natürlichen

Abb. 4.1/3: Natürliche Bevölkerungsentwicklung nach Provinzen. Mittelwert 1982/86.

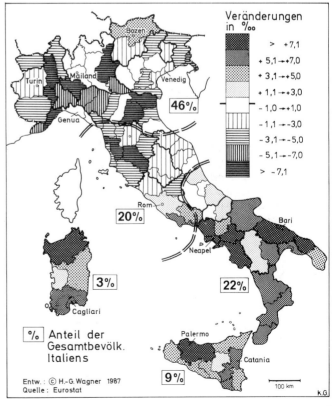

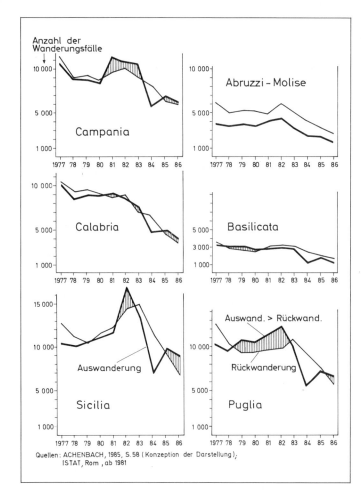

Abb. 4.2/1: Entwicklung der amtlich registrierten Wanderungsbeziehung süditalienischer Regionen mit dem Ausland 1977-1986 (Auswanderung/Rückwanderung). Deutlich ist die Abnahme des Migrationsumfangs zu erkennen.

Wachstums Mitte der 60er Jahre bereits weitgehend abgeschlossen.

Unter diesem Blickwinkel durchschreitet der Mezzogiorno eine tiefgreifende soziale und demographische Veränderung, welche in den 50er Jahren begann und innerhalb Italiens die vergleichsweise schnellste Neuorientierung des generativen Verhaltens auslöste. Zwar lag das Ausgangsniveau der Geburtenüberschüsse fast durchweg sehr hoch (15–20 pro 1 000), auch sind die Familienstrukturen noch heute komplexer und die Kinderzahlen größer, die Verminderung des natürlichen Wachstums verlief gleichwohl steiler abwärts als im Norden (Abb. 4.1/2). Zu nachhaltig wirken die durch Gastarbeit und Medien aufgenommenen modernen Leitbilder. Den vorerst noch vorhandenen Unterschied zu den nördlichen Regionen zeigt der heutige Endstand der Geburtenüberschüsse in Kampanien, Kalabrien, Apulien, Sizilien und Sardinien, der dem Ausgangs-Niveau von Lombardei, Ligurien, Veneto, auch Toskana und Emilia um 1950 entspricht. Die räumliche Differenzierung der natürlichen Bevölkerungsentwicklung (Abb. 4.1/3) unterstreicht für 1982/86 sehr deutlich die demographische Eigenständigkeit von etwa fünf Gebietstypen.

4.2 Migrationsprozesse

Die zweite bedeutende Steuerung erfährt die Bevölkerungsentwicklung durch die Wanderungsvorgänge. Ihre Wirkung ist regional und zeitlich ambivalent: Einerseits nivellieren sie räumliche und soziale Unterschiede des generativen Verhaltens, andererseits tragen sie zu ihrer Akzentuierung bei. Beide Komponenten greifen im Mezzogiorno eng ineinander und lassen sich historisch in den drei wichtigsten Migrationstypen beobachten. Ab etwa 1880 setzte generell in Italien und besonders in seinen südlichen Landesteilen die Massenauswanderung nach Übersee ein und dauerte mit Unterbrechungen bis etwa 1960. Etwa 20 Mio., überwiegend Angehörige jüngerer Altersgruppen, verließen während dieser einhundert Jahre die Apenninenhalbinsel, etwa 12 Mio. kehrten wieder zurück, überwiegend alterswohnsitzorientiert. Aus Süditalien wanderten nach *Golini* (1974) etwa 8 Mio.

Menschen ab, davon wandten sich 2 Mio. nach Lombardei/Piemont, ebensoviele vorwiegend aus dem Hochapennin (Abruzzi/Molise) nach Latium und in den Großraum Rom, 5 Mio. überschritten die Staatsgrenzen. Entsprechend der Heimatbindung verlief diese Migration jedoch nicht überwiegend definitiv, sondern oft zeitlich befristet und fluktuierend (Wechselmobilität). Zwischen Abwanderungs- und Zielgebiet herrschte auch bei weiteren Entfernungen und besonders angesichts zunehmender Mobilität reger Austausch von Heimkehrenden und neu Aufbrechenden. Push- und Pullfaktoren, begrenzte Arbeitsmärkte in den Quellgebieten und wirtschaftliche Aufstiegsmöglichkeiten in den Zielregionen sind zwei wichtige Motivationsfelder der seit 1950 neu belebten, konjunkturabhängig zwar schwankenden, jedoch bis in die Gegenwart sozial und wirtschaftlich für den Mezzogiorno nachhaltig verändernden internationalen Migration (Gastarbeit).

Erst seit Mitte der 70er Jahre macht sich eine Abschwächung dieses Außenwanderungsumfangs bemerkbar. Die Abb. 4.2/1 zeigt für die Mezzogiorno-Regionen (soweit statistisch registriert) entsprechend abnehmende Kurven. Seit Beginn der 80er Jahre war gebiets- und zeitweise die Rückwanderung sogar größer als die Emigration. Ist diese Entwicklung ein Zeichen für wirtschaftlichen Aufschwung im Mezzogiorno? Diese Frage ist um so wichtiger, weil im Verlaufe des letzten Jahrzehntes Italien und besonders seine südlichen Landesteile selbst Gastarbeiter aus Nord- und Westafrika (Tunesien, Marokko, Senegal) aufgenommen haben. 1989/1990 hielten sich unter Ausnützung der bislang sehr liberalen Ausländerpolitik etwa 1,2 Millionen Afrikaner erwerbstätig in Italien auf, weit mehr als die Hälfte illegal („Clandestini"). Hier bahnt sich ein großes Problem für den europäischen Binnenmarkt nach 1992 an.

Vorausgehend und nachgeordnet spielte über kürzere Distanz die Gebirgsentvölkerung, also die Abwanderung aus den Höhen- und Berglandgebieten in die Küstenniederungen eine große Rolle. Abhängig von der Melioration (Trockenlegung versumpfter Gebiete), Befreiung von der Malaria sowie ihrer verkehrsgeographischen Erschließung konzentrierten die Litoralzonen ab 1920 die vielfältigsten Formen wirtschaftlicher Aktivitäten auf sich. Fast alle größeren Bergstädte Kalabriens ergänzten ihren Siedlungsraum durch Tochtergründungen an der Küste („Marina-Siedlungen"), in welche vorwiegend die jüngeren Einwohner hinabzogen. Nach dem zweiten Weltkrieg verstärkte sich diese Standortverlagerung, ohne jedoch zu einer völligen Aufgabe der jahrhundertealten, seit den Sarazeneneinfällen sicheren urbanen Hochlagen zu führen (Monheim, 1977). Die Tab. 4.2/1 gibt eine annähernde Vorstellung von der unterschiedlichen Bevölkerungsentwicklung in den Gebirgen, den Berglandgebieten und den Küstenebenen des festländischen Süditalien zwischen 1861 und 1981 für die jeweils ortsanwesenden Einwohner (popolazione presente). Dabei sind Schwächen der statistischen Erfassung zu berücksichtigen: Da manche Abwanderung nicht gemeldet wurde, dürfte die wirkliche Bewohnerzahl der Küstenebenen tatsächlich höher sein. Außerdem wandte sich per Saldo etwa ein Drittel der Höhenbevölkerung direkt nach Norden und wird deshalb in der folgenden Übersicht nicht registriert.

Die Höhenflucht führte zur Aufgabe landwirtschaftlicher Grenzertragsflächen, auf denen sich in der Folgezeit Busch- und Waldformationen ausdehnen konnten, besonders dort, wo auch die Weidewirtschaft ausdünnte. Wüstungserscheinungen in der Siedlungssubstanz sind allerdings seltener. Sie wurden vielfach überschätzt. Zwar stehen Gehöfte in Bergstädten und Höhendörfern leer, sie dienen in den Sommermonaten jedoch immer wieder dem Ferienaufenthalt und werden vielfach sogar ausgebaut, modernisiert oder sogar völlig erneuert (Abb. 4.2/2). Die ortsanwesende Bevölkerung (popolazione presente) ist oft überaltert, ein großer Teil der jüngeren Arbeitsemigranten bleibt dennoch im Gemeinderegister gemeldet und damit dem Heimatort vielfältig verbunden. Außerdem können die zahlreichen Neubauten am Siedlungsrand (oft genehmigungslos errichtet) als Zeichen dafür gewertet werden, daß enge Bindungen an das Herkunftsgebiet nicht nur mental, sondern auch materiell aufrecht erhalten werden.

Tab. 4.2/1: Entwicklung der ortsanwesenden Bevölkerung (popolazione presente) im festländischen Süditalien 1961–1981 nach Höhenstufen. Angaben in 1 000.

	1861	1981	Multiplikator	Flächenanteil in Mio. ha / %	
Gebirge	17 105	16 458	= × 0,96	2,5	34,7
Bergland	39 149	49 066	= × 1,25	3,3	45,5
Küstenebene	13 507	47 780	= × 3,54	1,4	19,8

Quelle: Popolazione residente e presente dei comuni dal 1961 al 1981, ISTAT, Rom, 1985, Tab. 2.

Abb. 4.2/2: Im Ausland verdiente Ersparnisse werden im Heimatort in großem Umfang zum Hausbau verwendet. Aufnahme in Scandale westlich von Crotone, Kalabrien. — Foto: *Wagner*, 1989.

In den küstennahen Zielgebieten der Gebirgsentvölkerung entstehen auch gegenwärtig noch neue Wohn- und Gewerbesiedlungen mit guter Verkehrserschließung und Dienstleistungsversorgung. Abb. 4.2/3 zeigt eine solche jüngere, weitflächig angelegte Neusiedlung südwestlich von Crotone in Kalabrien.

In einzelnen Teilregionen der küstennahen Zuwanderungsgebiete stieg die Einwohnerzahl im Rahmen der starken Verstädterung, aber auch infolge Einführung intensiver Agrarnutzung in den meeresnahen Buchten und oft schmalen Küstenstreifen wesentlich stärker, als der Mittelwert andeutet: Die jeweiligen Multiplikatoren der Bevölkerung 1861/1981 betragen in den Provinzen: Tarent 5,4, Brindisi 4,2, Catanzaro 5,6, Catania 5,6, Siracusa 4,0, Cagliari 4,4, Sassari 4,5. Diese zunächst noch etwas farblos erscheinenden Werte beschreiben angesichts der mit steigender Bevölkerungs- und Siedlungsdichte verbundenen Probleme wie Urbanisierung, Verkehrsbelastung, Wasserver- und Abwasserentsorgung, Nutzungskonkurrenz zwischen verschiedenen wirtschaftlichen Aktivitäten die gegenwärtig akute Gefahr für den Landschaftshaushalt der Küstenniederung (*Popp/Tichy*, 1985).

Die nach Norden orientierte Fernwanderung innerhalb Italiens (Binnenwanderung) stellt den dritten für den Mezzogiorno wichtigen Migrationstyp dar. Er erreichte seinen größten Umfang zwischen 1955 und 1975 (vgl. Abb. 4.2/4). Die Pfeile zeigen, daß die Wanderungsziele vorwiegend in den stärker industrialisierten Regionen lagen. Zu beachten ist, daß die angegebenen Zahlen Jahresmittelwerte des Wanderungssaldos darstellen: Stets gab es eine — wenn auch schwächere — Rückwanderung, welche die vielfältige familiäre, besonders für den Mezzogiorno charakteristische generationenübergreifende Heimatverwurzelung belegt. Der Wanderungsverlauf spiegelt außerdem unmittelbar die Konjunkturzyklen der Wirtschaft Norditaliens wieder und unterstreicht damit die sozialökonomisch periphere Situation des Mezzogiorno als

Abb. 4.2/3: Gebirgsentvölkerung führte zur Besiedlung früher versumpfter Küstenniederungen. Der Prozeß der Verdichtung wird aus der Aufnahme sichtbar: Stecato südlich von Cutro am Golf von Squillace. — Foto: *Wagner*, 1989.

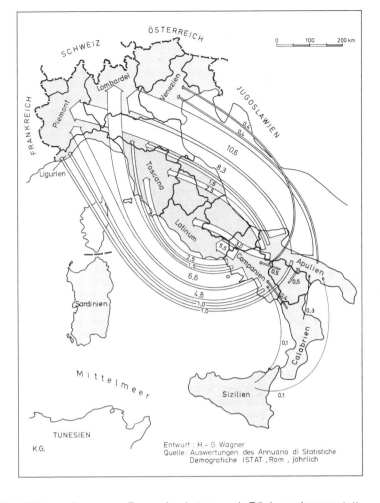

Abb. 4.2/4: Inneritalienische Migration während der abwanderungsintensivsten Periode 1956–1976. Dargestellt wird die negative Bilanz aus Ab- und Rückwanderung (Saldo).

„Ergänzungsraum". Die hohe Mobilitätsbereitschaft der süditalienischen Arbeitskräfte kann somit auch als ein wichtiges Motiv für die Industrie des Nordens gesehen werden, hier zu bleiben, die hier gegebenen Agglomerationsvorteile auszunutzen und ihre Betriebsstandorte trotz der staatlichen Subventionen nicht um mehr als 1 000 km in den Mezzogiorno zu verlagern: Der Produktionsfaktor Arbeit stand der Nord-Industrie im Rahmen der Zuwanderung stets in ausreichendem Umfang am optimalen Kostenstandort zur Verfügung. Es ist zu vermuten, daß unter den Homogenitätsbedingungen des europäischen Binnenmarktes ab 1993 das auch zukünftig bestehende bedarfsgerechte Angebot mobiler Arbeitskraft aus dem peripheren Süditalien den Konzentrationsprozeß gewerblicher Arbeitsmärkte in Norditalien sowie in zentralen europäischen Regionen weiterhin fördern wird.

Trotz der bis in die Gegenwart anhaltenden Abwanderung, sollte ihr Umfang nicht überschätzt werden. Die Verluste sind eher qualitativ zu sehen, also in der Emigration jüngerer, meist besser ausgebildeter und innovationsfreudiger Personengruppen. Ferner fand stets auch Rückwanderung statt. Selbst während der Perioden stärkster Abwanderung (1957–65 und 1968–73) betrug der Remigrantenstrom 25% des gesamten Wanderungsvolumens. Manche blieben der Heimat im Rahmen des Alters- und Familienzyklus nur einige Jahre fern. Gerade im letzten Jahrzehnt wurde trotz noch anhaltender Wanderungsverluste des Mezzogiorno (vgl. Tab. 4.2/2) die Zahl der Remigranten in einigen Gebieten wieder größer. Sie bringen mehrheitlich wirtschaftliches know-how, erlernte Fähigkeiten und Initiativen mit. In jedem Fall bewirken die ständigen Kapitaltransfers zumindest kurzfristige ökonomische Impulse, auch wenn die Mittel oft in den Bau von Eigenheimen fließen. Übersehen sollte man allerdings soziale Probleme der Rückkehrer nicht, besonders wenn Jugendliche im Norden (oder in Mitteleuropa) aufgewachsen sind, weder perfekt deutsch noch italienisch sprechen und deshalb zunächst große soziale Integrationsprobleme haben (*Schrettenbrunner*, 1970).

Die folgenden Daten der Tab. 4.2/2 und 4.2/3 sollen eine Vorstellung des Volumens der Fernwanderung

Tab. 4.2/2: Inneritalienische Wanderungsbilanz. Durchschnittlicher jährlicher Wanderungsverlust (Saldo) Süd- und Inselitaliens an die nördlichen und zentralen Landesteile in 5-Jahres Perioden.

1955/59 = ca.	− 81 000	
1960/64 =	− 155 000	
1965/69 =	− 110 000	18,5 Mio. Einw. im Mezzogiorno
1970/74 =	− 115 000	
1975/79 =	− 47 000	
1980/84 =	− 27 000	20,0 Mio. Einw. im Mezzogiorno

Quelle: Berechnet nach Annuario Statistico Italiano

Tab. 4.2/3: Mezzogiorno: Abwanderung und Rückwanderung: (offiziell registrierte Migranten in 1000)

	Abwanderung nach Mittel-/Norditalien	Rückwanderung von Mittel-/Norditalien
1977	145,4	89,4
1978	135,5	89,7
1979	131,6	92,6
1980	131,1	87,1
1981	129,9	89,0
1982	123,4	96,8
1983	111,4	99,3
1984	102,7	87,0
1985	108,1	79,8
1986	101,3	75,9

Quelle: Annuario Statistico Italiano

ab 1955, ihrer Oszillationen- und allmählichen Abschwächung geben. Die Abb. 4.2/5 zeigt anhand der regionalen Differenzierung des Wanderungssaldos der 70er Jahre jedoch noch immer Verluste des Südens und Gewinne der zentralen und nördlichen Landesteile.

Die Gesamtbilanz aller Wanderungsvorgänge (Binnenland und Ausland) sowie der Saldo des generativen Verhaltens ergibt für die Zeit ab 1980 insgesamt eine Zunahme der Bevölkerung des Mezzogiorno und eine Verminderung der Einwohnerzahlen in Zentral- und Norditalien (Tab. 4.2/4). Der im Mezzogiorno — wie in den übrigen Teilen des Mittelmeerraumes — vierte Migrationstyp ist die Land-Stadt-Wanderung. Dieser Vorgang vollzieht sich in allen Regionen sowie in den Einzugsbereichen aller Stadtgrößen und hängt eng mit dem sozialen Wandel und der unterschiedlichen Arbeitsmarktentwicklung zusammen. Da die Verstädterungsprozesse die wirtschaftsräumliche Struktur Süditaliens gegenwärtig grundlegend verändern, soll diesem Phänomen ein eigener Abschnitt gewidmet werden.

4.3 Erwerbsstruktur und Arbeitsmarkt

Die gravierendste Veränderung der Erwerbsstruktur vollzog sich im Mezzogiorno seit dem Ende des zweiten Weltkrieges im Agrarsektor, dessen Beschäftigtenzahl seit 1951 auf ein Drittel absank, in Nord- und Mittelitalien auf ein Fünftel (vgl. Tab. 4.3/1). Der gewerbliche Sektor erhöhte sein Arbeitsplatzangebot in allen Landesteilen um etwa 50%. Dabei überwog im Norden der Beitrag der modernen Industrie (mittlere und größere Betriebe), im Süden konnten sich dagegen auch während der verschiedenen Krisenperioden die anpassungsfähigen Klein- und Kleinstbetriebe behaupten oder sogar zunehmen. Obwohl im Mezzogiorno zahlreiche industrielle Großkonzerne neue Betriebsstätten gründeten (Schwerindustrie Tarent, Chemieindustrie Brindisi, Augusta-Syra-

Tab. 4.2/4: Demographische Bilanz 1. Mezzogiorno und 2. Mittel-/Norditalien 1980–1987. Angaben in 1000.

	Wohnbevölkerung 1980	Saldo Geburten Gestorbene	Saldo Binnenwanderung	Saldo Außenwanderung	Veränd. Wanderung insges.	Wohnbevölkerung 1987
1.	19 487	+ 910	− 227	+ 115	+ 798	20 285
2.	36 672	− 494	+ 227	− 25	− 292	36 380

Quelle: Rapporto 1988 sull'economia del Mezzogiorno, SVIMEZ

Abb. 4.2/5: Inneritalienische Wanderungsbilanz 1971–1981 nach Provinzen. Ab 1981 nahm die Rückwanderung aus dem Ausland in den Mezzogiorno zu, die Wanderungsbilanz mit Norditalien blieb weiterhin negativ.

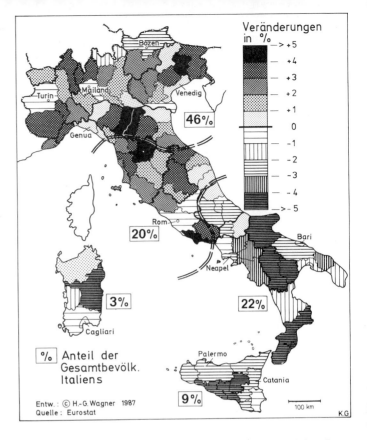

kus), blieb deren Beitrag zum Arbeitsmarkt infolge höherer Automatisierung relativ gering. Die kleineren Unternehmen des sekundären Sektors umfassen auch leistungsfähige Handwerker, die mit geringsten Flächenansprüchen, oft auf Basis familieneigener Arbeitskräfte äußerst flexibel auf neue Marktanforderungen reagieren können. In allen Städten des Mezzogiorno kann man Familienbetriebe dieser Art oft in enger Verbindung mit den Wohnräumen beobachten. Vielfach sanken solche Betriebe im Verlaufe der beiden letzten Jahrzehnte in die Schattenwirtschaft (economia sommersa) ab, d. h. sie versuchten der Belastung durch staatliche Steuern, Sozialabgaben, unüberschaubare Gesetzesfluten und lähmende Bürokratie zu entfliehen. Die in der Schattenwirtschaft Beschäftigten werden von der Erwerbsstatistik nicht erfaßt und fehlen deshalb auch in der Tab. 4.3/1. Folgt man italienischen Schätzungen, so erreicht die Zahl der Schwarzarbeiter des sekundären Sektors etwa ein

Tab. 4.3/1: Entwicklung der Beschäftigten nach Wirtschaftssektoren Italiens (in 1000)

	Nord- u. Mittelitalien			Mezzogiorno*			Italien insgesamt
	1951 %	1971 %	1981 %	1951 %	1971 %	1981 %	1988
I	4900 37,1	1800 13,7	1000 7,0	3700 57,0	1800 32,0	1200 20,6	2,2 Mio. = 11 %
II	4500 34,0	6400 48,5	6200 43,0	1300 20,0	1900 32,7	1800 31,0	6,8 Mio. = 30 %
III	3800 28,9	5000 37,8	7200 50,0	1500 23,0	2100 35,3	2800 48,4	12,0 Mio. = 59 %
	13200	13200	14400	6500	5800	5800	21,0 Mio. = 100 %
		= + 9 % gegenüber 1951			= – 10 % gegenüber 1951		

* Mezzogiorno umfaßt hier die Regionen: Kampanien, Abruzzen, Molise, Apulien, Kalabrien, Basilikata, Sizilien, Sardinien

Quelle: ISTAT

Viertel aller hier Tätigen im Mezzogiorno. Im tertiären Sektor dürfte ihr Anteil vergleichsweise noch höher sein. Er reicht hier über legale und ehrbare Beschäftigungen weit hinaus in die Grenzbereiche von Schmuggel, Drogenhandel, Kleinkriminalität. Da in Italien die Zweit- und Drittberufe ebensowenig erfaßt werden, wie die Art der tatsächlichen Tätigkeit von etwa ²/₃ der offiziell arbeitslos Gemeldeten, ist ein abschließender Einblick in den Umfang und die Differenzierung der Erwerbstätigkeit sowie der Beschäftigungsstruktur kaum möglich. Stark aufgebläht erscheint die Beschäftigung in der öffentlichen Verwaltung, die als besonders unproduktiv eingeschätzt werden darf, wenn man den Umfang der effektiv geleisteten Dienstzeit mit phantasiereichen privaten Paralleltätigkeiten beachtet. Diese Feststellung trifft besonders für die städtischen Verdichtungsräume des Südens zu. Die Arbeitsmärkte der Schattenwirtschaft sind ein beachtlicher Wirtschaftsfaktor, werden ihm doch in Italien insgesamt ca. 3 Mio. Personen zugerechnet, zuzüglich der zwei Mio. „beschäftigten Arbeitslosen". Hinzuzurechnen sind 0,5 Mio. legale und 0,7 Mio. illegale Einwanderer aus Nord- und Westafrika (Stand 1989), die als „Gastarbeiter" vornehmlich im Süden des Landes in Landwirtschaft (Marokkaner), im stationären Straßenkleinhandel (Senegalesen) sowie im Haushalt (Somalierinnen) tätig sind, sich aber auch gegen die Camorra im Bereich des Drogenhandels durchzusetzen beginnen und deshalb rassistisch anmutende Rivalitäten auslösen.

Über die gegenwärtige Bedeutung von Erwerbsstruktur und Arbeitslosigkeit im Mezzogiorno gibt die räumliche Verteilung der allerdings nur annähernd exakten Daten der Arbeitslosigkeit Aufschluß. Während für den Norden und die Mitte Italiens 7–8 % genannt werden, steigt die Quote im Süden auf 16–18 %. Die Regionen Basilikata und Sardinien verfügen mit rund 20 % Beschäftigungslosen an der erwerbsfähigen Bevölkerung (14–64 Jahre) über die schwierigsten Hypotheken. Die Jugendarbeitslosigkeit erreicht hier mit 46 % und 53 % aller Arbeitslosen dramatische Rekorde und zeigt die schwierige Zukunftssituation in der südlichen Peripherie des italienischen und europäischen Wirtschaftsraumes auf. Hohe offizielle Werte der Arbeitslosigkeit (16 %) und Jugendarbeitslosigkeit (48 %) liegen jedoch auch in der gesamtwirtschaftlich und besonders industriell am besten entwickelten Region des Mezzogiorno in Kampanien vor. Hier bündelt sich ein Teil der Wanderungsströme aus dem gesamten Süden zu längerer Verweildauer, da die breit gefächerten Übergangszonen zwischen den vielgestaltigen Formen der traditionellen Gewerbebranchen Neapels Hoffnung auf Erwerb eröffnen.

Die Schattenwirtschaft bietet unter diesen Umständen, obwohl steuer- und sozialschädlich, relativ krisenresistente Formen der Existenzsicherung. Ihre Entstehung reicht weit vor die Zeit der staatlichen Einigung in die verschiedenen Fremdherrschaftsperioden zurück, denen der Mezzogiorno fast kontinuierlich unterworfen war. Besonders nach 1861 entzog sich ein Teil der Wirtschaft staatlicher Aufsicht. Enttäuschung und Mißtrauen gegenüber der zentralistischen Verwaltung und Politikhierarchie in Rom und noch heute ungebrochene Abneigung gegenüber allen regionalpolitischen Maßnahmen aus dem Norden, lassen Regionalbewußtsein aufleben und treiben viele Unternehmer in den Untergrund. In den Metropolen des Südens konnte sich so ein feinmaschiges Netz von Verbindungen zwischen der nichtoffiziellen Wirtschaftstätigkeit (economia sommersa) und größeren industriellen Betrieben entwickeln, die einen Teil ihrer Vorarbeiten, z. B. in der Textil- und Lederbranche auf dem schwarzen Arbeitsmarkt erledigen lassen und dabei viele der „Hemmnisse" umgehen, welche aus der administrativen Aufsicht resultieren. Eine unübersehbare Anzahl von Arbeitsgesetzen und z. T. tatsächlich widersprüchliche Produktionsreglementierungen werden so umgangen. Vielleicht trägt auch die im italienischen Süden besonders verwurzelte, dialektisch geprägte und ökonomisches Risiko nicht scheuende Mentalität zu dem vielschichtigen Gefüge der süditalienischen Erwerbsstruktur nachhaltig bei. Insofern hat sich seit den diesbezüglichen Beobachtungen Goethes (Italienische Reise, 2. Teil, 12. 3. 1787) nicht sehr viel geändert.

5 Der städtisch-gewerbliche Wirtschaftsraum im Mezzogiorno

5.1 Historische Stadtentwicklung

Ein erster Vergleich der historischen Stadtentwicklung in Nord- und Mittelitalien mit derjenigen des Mezzogiornos zeigt den entscheidenden, bis in die aktuelle Gegenwart wirkenden Unterschied auf: Während in allen Perioden urbaner Entfaltung seit vorgeschichtlichen Anfängen ähnliche Strukturen entstanden sind, nahm der Süden am wirtschaftlichen und gewerblichen Wachstum der frühneuzeitlichen Renaissance-Stadt des Nordens nicht teil. So fehlt nicht nur die Phase der Kapitalansammlung und handelspolitischen Außenbeziehungen, sondern auch die Entfaltung von Handwerk und Spezialgewerbe, von gewerblicher Arbeitserfahrung, Vermarktungsorganisation, Kredit- und Finanzkenntnis. Ursache war das Unvermögen des Bürgertums der Mezzogiorno-Städte, sich aus der gesellschaftlichen Einbindung in eine feudale Ordnung zu lösen und eigene wirtschaftliche und politische Wege zu gehen. Die städtische Kultur profitierte zwar während der normannischen und staufischen Herrschaft im Süden bis 1265, dem Jahr der Machtübernahme durch Karl von Anjou, von der für diese Zeit weit vorausschauenden, modernen Staatsidee. Sie förderte auch wirtschaftliche Aktivitäten durch Handelskontakte und zahlreiche Städtegründungen mit z. T. sehr speziellen ökonomischen Zielsetzungen. Der Politik Kaiser Friedrich II. verdankt die süditalienische Urbanität sogar Vorteile gegenüber der Stadt des Nordens. Danach, unter französicher und spanischer Herrschaft, sanken jedoch die urbanen Gemeinwesen in territoriale Zersplitterung und wirtschaftsräumliche Selbstgenügsamkeit zurück. An der „kulturlandschaftlichen Schichtung" ist diese Entwicklungslücke heute in archäologischer Sicht gut zu erkennen. Die Stadtgenese des Mezzogiorno ist nicht von Kontinuität geprägt, sondern spiegelt die vielfältigen, meist lähmenden politisch-ökonomischen Außeneinflüsse wider.

Die kleinere Stadt des Hinterlandes war zudem von weiteren Hypotheken behaftet. War die agrarische Produktion durch hohe — und im Gegensatz zur Toskana — fixierte (und nicht ernteabhängige) Abgaben und strenge Pachtverträge belastet und deshalb zu Leistungssteigerungen nicht fähig, stützten sich die feudalen Landeigentümer auf die Sicherheit regelmäßiger Grundrenten-Einkünfte. Deshalb trat die Förderung gewerblicher Leistungen und Fähigkeiten durch den Territorialherren (im Gegensatz zu Norditalien!) in den Hintergrund. So fehlte die wirtschaftliche Basis für die Entfaltung

Abb. 5.1/1: Die ältere Stadtentwicklung vollzog sich im Mezzogiorno abseits der Küsten in sehr dichter Hang- und Gipfellage: Badolato am Ostabfall des kalabrischen Gebirges. — Foto: *Wagner*, 1989.

einer breiteren stadtbürgerlichen Zwischenschicht (Handel, Handwerk). Die Städte verfügten zwar über eine gewisse Herrschafts-Zentralität („Baronalstädte", vgl. *Sabelberg*, 1984), waren aber keine Ausstrahlungspunkte wirtschaftlicher Aktivität, deshalb verkehrsmäßig meist isoliert, oft — noch seit der Zeit der Sarazenenüberfälle — etwas küstenfern, sehr verdichtet in isolierter Hochlage (Abb. 5.1/1). In Gebieten des latifundialen Großeigentums entwickelten sich „Agrostädte" zwar städtischen Aussehens, jedoch bis fast in die Gegenwart ohne urbane Funktionen als Wohnstätten des Landarbeiterproletariats: Gangi in Mittelsizilien wurde eingehend beschrieben (*Mohnheim*, 1969). Nur wenige größere Küstenstädte lassen eine deutliche Kontinuität von Lagevorteilen erkennen: Neapel, Bari, Catania, Palermo.

5.2 Anfänge der industriell-urbanen Entwicklung

Nur in der Golfmetropole Neapel hatte das kleine Handwerk bereits in der Frühneuzeit überregionale Bedeutung erlangt. Spezialisierung, Arbeitsteilung und — in begrenztem Umfang — auch Massenfertigung von Gebrauchsgegenständen standen mit einem wachsenden Abnehmermarkt der dichtest bevölkerten Region des Mezzogiorno, Kampanien in Verbindung (1861 mit 2.4 Mio. Einwohnern etwa 11 % ganz Italiens). Metallverarbeitung, Kunsthandwerk und erste Formen der Feinmechanik entwickelten sich ebenfalls auf kleinstbetrieblicher Basis. Ähnlich wie in Norditalien lieferte das agrarische Umland mit dem Rohstoff Flachs, der nach der Kontinentalsperre durch eingeführte Baumwolle ersetzt wurde, den wichtigsten Rohstoff für die aufstrebende und staatlich geförderte Textilindustrie. Daneben spielten Seide und Hanf eine Rolle. Scafati, südlich des Vesuvs gelegen, galt 1860 mit ca. 50 000 Textilbeschäftigten als das Manchester Italiens. Diese Entwicklung übte auf den Maschinenbau in Neapel innovative Anfangsimpulse aus. Schon ab 1830 interessierte die Regierung Neapel-Siziliens englisches und französisches Kapital für die Investition in größere Maschinenfabriken und Schiffswerften. Damit erhielt die Schwerindustrie am Golf von Neapel ihren ersten, wenn auch bis nach dem zweiten Weltkrieg einzigen und isolierten Standort im Mezzogiorno. Dieser frühe Industrialisierungsanstoß profitierte bei insgesamt relativ ungünstigen Standortbedingungen vom Zollschutz und der liberalen Wirtschaftsförderungspolitik des Königreiches Neapel-Sizilien bis zur staatlichen Einigung Italiens. Partiell wurden in dieser Phase sogar Ansätze zu einem gewissen Gleichstand mit den nördlichen Industrieregionen (Mailand, Turin) erreicht.

Im ländlichen Bereich begannen schon vor 1900 erste Versuche der Konservenindustrie, einzelne agrarische Produkte für größere Absatzreichweiten zu verarbeiten. Der auch im vorigen Jahrhundert schon umfassende tertiäre Sektor ummantelte die gewerblich industriellen Anfänge mit einem breiten und differenzierten Arbeitsmarkt. Zuwanderung aus dem gesamten Mezzogiorno an den Golf war die Folge und damit der Beginn neuzeitlicher Stadtentwicklung: Neapel war 1861 mit 484 000 Einwohnern wesentlich größer als Mailand (267 000) und hatte noch 1921 mit 860 000 Einwohnern einen deutlichen Vorsprung vor der lombardischen Industriemetropole mit 818 000 Einw., die jeweilige Umlandbevölkerung nicht eingerechnet. Damit entwickelte sich am Golf von Neapel der erste größere urbane Verdichtungsraum des Mezzogiorno mit einem zusätzlich höchst intensiv bewirtschafteten agrarischen Hinterland. Die unmittelbar an der Küste liegenden Städte zwischen Pozzuoli und Castellamare hatten 1860 eine Einwohnerzahl von 575 000, 1921 von 1 065 000 (Rom 660 000). Wirtschafts- und bevölkerunggeographisch besaß damit das Gebiet um den Golf von Neapel eine bedeutende Anziehungskraft, die unmittelbar nach dem zweiten Weltkrieg zu umfassenden Wanderungsgewinnen führte, allerdings dann nur noch als Durchgangsstation nach Norden. Die Bevölkerung dieser Stadtregion wuchs — wie auch diejenige der übrigen süditalienischen Küstenstädte — stärker durch Geburtenüberschüsse, als infolge von Wanderungsgewinnen.

5.3 Verstädterungsprozesse

Trotz der an Stadtgründungen reichen, aber immer wieder auch von Phasen des Niedergangs urbaner Gemeinwesen gekennzeichneten Geschichte, war der Verstädterungsgrad im Mezzogiorno — außerhalb der verdichteten Küsten am Golf von Neapel — bis ins 20. Jahrhundert hinein gering. Neben wenigen Zentralorten mit großem Einzugsgebiet, z. B. Bari, Catania, Palermo, existierten zahlreiche der genannten Agrostädte (ohne städtische Funktionen im engeren Sinn) und viele Reliktstädte, meist in verkehrsungünstiger Höhenlage. 70–80 % der Bevölkerung lebten in ländlichen Siedlungsformen.

Heute unterscheidet man im Mezzogiorno 13 städtische Verdichtungsräume („Area Metropolitana"). Hierbei handelt es sich jeweils um eine Kernstadt und ihr weiteres, zuwanderungsgeprägtes Umland. Der größte ist Neapel (Caserta, Avellino und Salerno einbeziehend) mit fast 4,5 Mio. Einwoh-

Abb. 5.3/1: Trotz jahrzehntelanger arbeitsorientierter Abwesenheit wird das angesparte Einkommen etagenweise in oft überdimensionalen Familienwohnhäusern angelegt. Cutro westlich von Crotone, Kalabrien. — Foto: *Wagner*, 1989.

nern (1988). In einer nächsten Größenordnung zwischen 500 000 und 800 000 Einwohnern folgen in entsprechender Reihung Palermo, Catania, Bari. Wesentlich geringere Bewohnerzahlen (250 000–300 000) weisen als kleinere Agglomerationsräume Messina, Cagliari, Tarent, Pescara, Reggio di Calabria auf. Sassari und Cosenza liegen knapp über 100 000. Die größten Zunahmeraten hatten 1971/81 die kleineren Verdichtungsräume, eine Folge des Versuchs, möglichst dezentrale Gewerbegebiete und Arbeitsmärkte zu fördern. Die früher oft herausgestellte Isolierung der Verdichtungsräume voneinander (*Tichy*, 1985, S. 345) darf angesichts des hervorragenden Straßen- und Autobahnausbaus und der beobachtbaren hohen Verkehrsdichten als überwunden gelten. Die Einwohner-Angaben beziehen sich auf die „Popolazione Residente", die legal gemeldeten Einwohner. Viele Zuwanderer sind in einer Größenordnung von 5–10 % ständig oder zeitweise zusätzlich illegal anwesend. Offiziell lebten damit 1988 ca. 40 % der Mezzogiornobevölkerung in den urbanen Verdichtungsräumen (1981: 37 %). Der Vergleichswert für Nord- und Mittelitalien beträgt 54 %. Außerhalb der städtischen Verdichtungsräume wohnen also in beiden Landesteilen beträchtliche Teile der Gesamtbevölkerung in ländlichen Siedlungen oder in kleinen Städten ursprünglich größerer Bedeutung. Aber auch die sog. ländlichen Gebiete weisen heute in allen Teilen des Mezzogiorno umfangreiche städtische Merkmale auf, außerdem sind sie im Dorfkern und an seinem Rand durch Neubauten, oft „schwarz", d. h. ohne Genehmigung errichtet, hochgradig verdichtet (Abb. 5.3/1). Das Gleiche gilt für die jungen Marina-Siedlungen in den schmalen Küstenstreifen Kalabriens (vgl. Abb. 4.2/3).

Nach jüngeren Untersuchungen über den Zeitraum 1980/85 (*Frallicciardi*, 1989) verlagerte sich innerhalb der einzelnen Verdichtungsräume das demographische Wachstumsplus vom Kern in die Randbereiche. Viele der dortigen Gemeinden, die in den 60er und 70er Jahren noch starke Abwanderungsverluste verzeichneten, erfreuen sich seit ca. 1980 wieder positiver Migrationssalden. Sie sind ein Ergebnis der Remigration aus dem Ausland, der allerdings nunmehr ausklingenden Abwanderung von den Höhenregionen in die Ballungsräume und der Umzüge aus dem Kern der Area Metropolitana in die besseren Wohngebiete an der Peripherie. Insbesondere kehrten viele Einwohner der noch in den 50er Jahren hochverdichteten historischen Stadtzentren diesem „Centro Storico" den Rücken. Diese Dekonzentration ist eng mit der Verlagerung von Arbeitsplätzen an erweiterungsfähige und verkehrsmäßig besser erschlossene Standorte im Außenbereich der Area Metropolitana verbunden. Um diese Verhältnisse anschaulich zu beleuchten, sei die wichtigste städtische Agglomeration des Mezzogiorno in Grundzügen eingehender dargestellt.

5.4 Area Metropolitana Neapel-Salerno

Die Ebene am Golf von Neapel weist seit ihrer griechischen Kolonisation Merkmale hoher gesamtwirtschaftlicher Tragfähigkeit auf. Wintermilde klimatische Gegebenheiten und ganzjährige, durch Karstquellen begünstigte Bewässerungsmöglichkeit des intensiv bewirtschafteten agraren Hinterlandes auch im Sommer, vielfach favorisierende Wirtschaftspolitik (z. B. unter Friedrich II. und den Bourbonen) sowie eine relativ offene, Bewegungsspielraum gewährende Sozialstruktur, hier außerdem frühe Industrialisierungsansätze boten die Grundlage für die Entwicklung eines facettenreichen Wirtschaftsraumes mit großen Entwicklungs-Chancen nach dem zweiten Weltkrieg (*Wagner*, 1968). Der demographische Zuwachs ergab sich aus den hohen Geburtenraten; bezüglich der Wanderung war die Golfmetropole mehr Durchgangsstation nach Norden. Die vielschichtigen Probleme der Stadt verhinderten jedoch eine schnelle wirtschaftliche Entfaltung. Sehr hohe Wohndichten (600–700 Einw./ha), lähmende Verkehrsdichte, wenig Freiraum für moderne Industrie, völlig unzulängliche Wasserver- und Abwasserentsorgung (Cholera-Epidemie 1973), aber auch die an Unregierbarkeit grenzende politische Situation, schließlich die stärker werdende Mitregentschaft der Camorra ließen Neapel während der 60er und 70er Jahre stagnieren. Ein großer Teil der staatlichen Finanzhilfen aus Rom oder Brüssel (Europäischer Regionalfond) verschwand scheinbar ziellos in unüberschaubaren Zuständigkeiten kommunaler und provinzieller Behörden. Diese wachsend entmutigenden Bedingungen entrückten jede Art von Stadtplanung in eine akademisch-theoretische Wirklichkeitsferne.

Die wirtschaftliche Schwäche erreichte um 1975 mit der ökonomischen Krise in Mitteleuropa und in Norditalien ihr größtes Ausmaß, als die Rückwanderung nach Süditalien begann und die offene und verdeckte Arbeitslosigkeit immer größer wurde. Der gesamte Schiffbau am Golf von Neapel wurde vollständig und die erst nach 1950 errichtete petrochemische Industrie am östlichen Stadtrand weitgehend aufgegeben. Das 1906 gegründete, mehrfach erneuerte Stahlwerk Bagnoli westlich des Zentrums schloß seine Pforten für lange Jahre. Das staatliche Automobilwerk Alfa-Romeo am NW-Hang des Vesuvs (15 000 Beschäftigte) geriet in unübersehbare Schwierigkeiten und wurde erst in den 80er Jahren von Fiat aufgekauft. Diese schwierige Periode überbrückten mit Anpassungsfähigkeit und geschickter Marktorientierung die kleineren Industrieunternehmen sowie das Handwerk bis hinunter zu kleinsten Familienunternehmen. Aus beiden Bereichen sanken in dieser Zeit viele Betriebe in die Untergrundwirtschaft ab („economia sommersa"), überlebten dort jedoch und boten vielen Neapolitanern Erwerb und Existenz. Der von der Krise verhältnismäßig wenig attackierte tertiäre

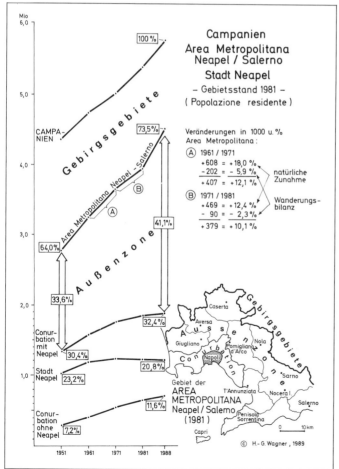

Abb. 5.4/1: **Bevölkerungsentwicklung in Teilgebieten Campaniens 1951–1988.**

Sektor überdeckte mit seiner variantenreichen Palette von immer neuen, schnell wechselnden Verdienstmöglichkeiten die größten Lücken des Arbeitsmarktes wie in früheren Jahrhunderten. Eine große Hilfe war und ist der phantasievolle Erfindungsreichtum beim Entdecken bislang ungenutzter Einnamequellen ebenso wie bei der geschickten Umgehung als hinderlich empfundener Gesetze und Rechtsvorschriften. Mentalität und Wirtschaftsgeist dürften im ökonomischen Gefüge am Golf von Neapel wichtige impulsgebende, innovationsfördernde Produktionsfaktoren sein, die sich allerdings mit den herkömmlichen Standort- und Wachstumstheorien nicht messen lassen.

Wenn auch bis zur Gegenwart keine grundlegende Verbesserung der wirtschaftlichen und metropolitanen Situation eingetreten ist, so strahlt das jüngste Wirtschaftswachstum Norditaliens auf den Golf aus. Eine Verbesserung trat ferner infolge der beginnenden Dekonzentration wirtschaftlicher Aktivitäten aus der Kernstadt in das nun schrittweise mit besseren Straßen und Autobahnanschlüssen ausgestattete Umland ein. Bis in die Peripherie der Aera Metropolitana legte die Regionsregierung Industrie- und Gewerbegebiete mit z. T. guter Infrastrukturausstattung an. Viele mittelgroße Unternehmen verließen Neapel daraufhin, konnten sich vergrößern, zogen ihrerseits andere Betriebe moderner Branchen an, welche den neuen Fühlungsvorteilen folgten (vgl. Abb. 7.2/2).

Diese flächenhafte Ausweitung des Stadtgebiets, das Zusammenwachsen mit den übrigen, sich ebenfalls stark ausdehnenden Städten der Golfküsten und des Hinterlandes spiegelt sich in der räumlich differenzierten Bevölkerungsentwicklung (vgl. Abb. 5.4/1 und 5.4/2 sowie Tab. 5.4/1): Die Gesamtzunahme ist mit auffälliger Peripherisierung verbunden. Gleichzeitig setzte eine das überkommene agrarische Siedlungsgefüge tiefgreifend umgestaltende Verstädterung ein. In Abb. 5.4/3 wird dieser Prozeß für das nördliche Umland Neapels für die Zeit 1955–1987 dokumentiert. Innerhalb dieses Kartenausschnittes (ca. 200 qkm) nahm die Wohnbevölkerung außerhalb der Stadtgrenze von Neapel von 380 000 auf 755 000 Einwohner zu. Rechnet man den neapolitanischen Bevölkerungsanteil im südlichsten Kartenteil (ca. 150 000) sowie

Abb. 5.4/2: Entwicklung der legalen Bevölkerung im Gebiet „Area Metropolitana di Napoli" 1951–1989.

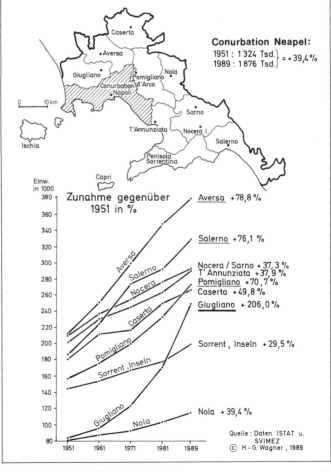

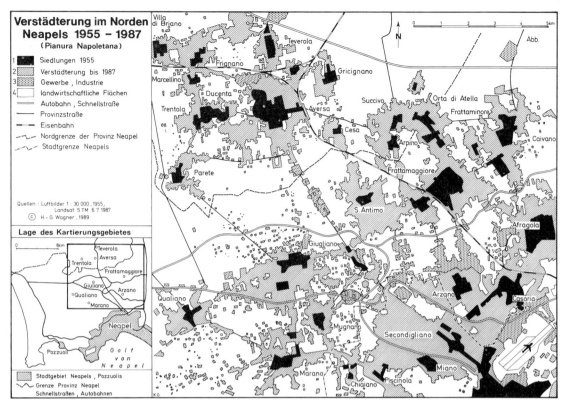

Abb. 5.4/3: Verstädterung im Norden von Neapel 1955–1987 (Planura Napoletana).

die in den Einwohnerämtern aus verschiedensten Gründen nicht angemeldete (illegale) Bevölkerung hinzu, so lebten hier gegenwärtig etwa 1 Mio. Einwohner (mittlere Dichte: ca. 5 000 E/qkm). Auch die Abb. 5.4/4 gibt am Beispiel der agrarisch intensiv bewirtschafteten Bewässerungsregion südlich des Vesuvs (Sarnoniederung) einen Eindruck vom Umfang des dispersen Verstädterungsprozesses zwischen 1955 und 1988 (Wagner, 1990).

Der offizielle außeragrarische Arbeitsmarkt hat sich (soweit statistisch erfaßbar) zwischen 1971 und 1981 in der Provinz Neapel zwar verbessert: die produzierenden Arbeitsplätze nahmen entsprechend der letzten Arbeitsstättenzählung von 130 000 auf 170 000, diejenigen des Dienstleistungsbereiches von 315 000 auf 405 000 zu. Angesichts der Zunahme der legalen und illegalen (!) Bevölkerung öffnete sich jedoch die Schere zwi-

Tab. 5.4/1: Bevölkerungsentwicklung in der Area Metropolitana von Neapel (Popolazione residente = legale Bevölkerung in 1 000, Gebietsstand 1986)

	1951	1961	1971	1981	1988	Veränderung 1951 / 1988 in %
Stadt Neapel	1 010	1 182	1 226	1 212	1 202	
Conurbation* (ohne Stadt Neapel)	252	388	526	629	674	+ 167
Area Metropolitana*	2 880	3 370	3 777	4 156	4 442	+ 54
Provinz Neapel	2 081	2 421	2 709	2 970	3 137	+ 50
Gebirgsregion d. Region Campanien	1 466	1 390	1 282	1 307	1 331	− 4
Campanien	4 346	4 760	5 059	5 463	5 773	+ 33
Mezzogiorno°	17 690	18 580	18 870	20 050	20 980	+ 18

* Abgrenzung der Area Metropolitana nach Cafiero/Cecchini, 1986, S. 169. Der Gebietsstand 1986 ist gegenüber 1981 leicht erweitert worden, vgl. Abb. 5.4/1.
° Abgrenzung: Regionen Abruzzi, Molise, Campania, Basilicata, Puglia, Calabria, Sicilia, Sardegna.

Quelle: verändert nach Cafiero/Cecchini, 1986, S. 159; sowie ISTAT und unveröffentlichte Daten von SVIMEZ, 1988, S. 55

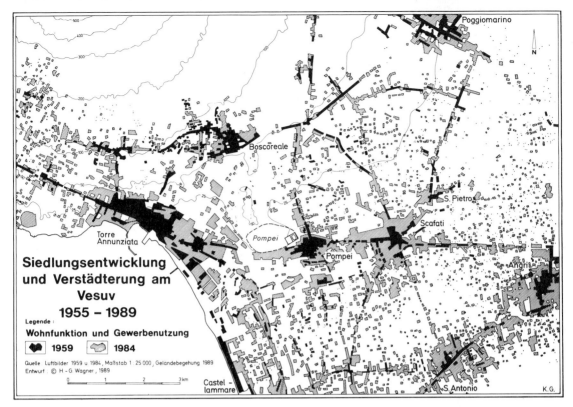

Abb. 5.4/4: Siedlungsentwicklung und Verstädterung südlich des Vesuv im agrarischen Bewässerungsgebiet der Sarnoniederung 1955–1989.

schen Arbeitssuchenden und Beschäftigungsangebot, besonders bei Jugendlichen mit oft gut qualifizierter akademischer Ausbildung weiter. Im Vergleich zu den übrigen urbanen Verdichtungsräumen des Mezzogiorno verfügt der Arbeitsmarkt am Golf von Neapel über eine relativ breitgefächerte Branchenstruktur und damit ein vielfältiges Angebot (Tab. 5.4/2).

Für die Charakterisierung des Arbeitsmarktes ist ferner die Tatsache entscheidend, daß auch gegenwärtig noch die Hälfte aller Industriebetriebe der Provinz Neapel in der Größenklasse zwischen 10 und 19 Beschäftigten liegt, weitere 30 % nicht mehr als 50 und 13 % nur bis zu 100 Mitarbeiter haben (1988). Die kleinbetriebliche Struktur der Industrie unterstreicht (neben dem Handwerk) die

Tab. 5.4/2: Gliederung nach ausgewählten Branchen und offiziell registrierten Arbeitsplätzen der Provinz Neapel 1971 und 1981 ohne Schattenwirtschaft

	1971	1981
Primäre Rohstoffverarbeitung	29 800	26 500
Energiewirtschaft, Wasser, Gas	7 700	8 600
Bauwirtschaft	16 900	22 800
Metallverarbeitung	48 600	71 000
Lebensmittelindustrie	12 900	14 000
Papier-, Holz-, Plastikverarbeitung	19 400	22 000
	131 800	171 200
Handel, private Dienste	119 300	139 000
Transport, Kommunikation	53 900	60 200
Banken, Versicherungen	12 200	30 500
Öffentliche Verwaltung	130 000	177 000
	315 400	406 700
Quelle: ISTAT, Censimento generale dell'industria, del commercio, dei servizi e dell'artigianato 1971, 81.		

besondere Flexibilität der produzierenden Bereiche gegenüber den wenigen Großbetrieben, deren Scheitern sofort eine große Anzahl von Arbeitslosen bewirkt.

Die Entwicklung der übrigen industriegeprägten Agglomerationen Süditaliens und der Inseln hängt eng mit der Regionalpolitik zusammen, die seit dem Ende des zweiten Weltkrieges eine Anhebung der sozio-ökonomischen Situation des Mezzogiorno erreichen sollte. Da man der Auffassung war, die wirtschaftsräumlichen Disparitäten innerhalb Italiens seien rein ökonomisch bedingt, stand dabei stets die Förderung der wirtschaftlichen Aktivitäten des Südens und ihrer Rahmenbedingungen im Vordergrund.

6 Regionalpolitische Entwicklungsmaßnahmen

In einer ersten Phase förderte man zunächst bis 1957 die materielle Infrastruktur, d. h. den Straßenbau, Fernwasserleitungen, die Errichtung von Überjahresspeichern, im Agrarsektor besonders die Boden- und Eigentumsreform sowie Bewässerungsprojekte. Außerdem standen Finanzhilfen für die Ansiedlung privater Industriebetriebe zur Verfügung. Die organisatorische Durchführung aller Maßnahmen oblag der „Cassa per il Mezzogiorno", eine die Aufgaben verschiedener Ministerien zusammenfassende staatliche Sonderorganisation für den Süden (vgl. *Aberle/Hemmer*, 1987).

1957 (zweite Phase) verstärkte man die Direktförderung der Industrieansiedlung im Süden auf spezieller gesetzlicher Grundlage (Gesetz 634), da die bisherigen Erfolge gering und die Arbeitslosigkeit unverändert hoch geblieben war. Vor allem kleinere und mittlere Betriebe des Nordens sollten veranlaßt werden, neue Standorte im Mezzogiorno zu suchen. Von einer flächendeckenden Förderung nahm man jetzt Abstand. Stattdessen wurden 14 Entwicklungsgebiete („Aree di sviluppo") und 28 Industrialisierungskerne („Nuclei di industrializzazione") für die Neuansiedlung ausgewiesen und mit der notwendigen Infrastruktur versehen. Trotzdem waren nur wenige private Unternehmen zur Investition im Süden bereit. Südliche Eigeninitiative fehlte völlig. Außerdem erwiesen sich Bildungsstand, technische Ausbildung und innere Bereitschaft zu industriemäßig-genormter Tätigkeit als zu gering. Korruption und Mafia verhinderten ebenfalls Entwicklungsimpulse.

Eine dritte Phase der Entwicklungsförderung begann 1963. In Anlehnung an das theoretische Konzept der Entwicklungspole von *Perroux* (1955) konzentrierte man die Industrieförderung auf bestimmte Gebiete und versuchte die Integration mehrerer Branchen. Die Ansiedlung solcher „Anschub-Industrien" sollte in der Lage sein, weiterverarbeitende Unternehmen nach sich zu ziehen und mit dieser ausstrahlenden Kettenreaktion schließlich eine eigenständige Expansion von regionalen Arbeitsmärkten zu bewirken. Trotz umfassender finanzieller Anreize hielt sich die Privatindustrie weiterhin zurück. Zunehmend wurden deshalb die Betriebe mit finanzieller Staatsbeteiligung sowie die staatlichen Unternehmen des IRI-Konzerns (Istituto per la Ricostruzione Industriale, gegründet 1933, heute mit 600 000 Beschäftigten eine der größten Holdings der Welt im Bereich der Schwerindustrie) und der staatliche Erdöl-/Erdgaskonzern ENI (Ente Nazionale Idrocarburi) verpflichtet, die seit 1957 bestehende Quote von 40 % ihrer Investitionen im Mezzogiorno zu erfüllen. Damit stand allerdings vorwiegend die Grundstoffwirtschaft mit Stahl- und Chemiesektor in der vordersten Front. Diese Tatsache führte zur Gründung von kapitalintensiven, hochautomatisierten, d. h. betriebswirtschaftlich zwar rentablen Unternehmensbereichen, die jedoch nur verhältnismäßig wenig neue Arbeitsplätze im Süden zur Folge hatten. Die erhofften privaten Folge-Investitionen blieben praktisch aus.

Mit der Regionalisierung begann 1965 eine vierte

Phase der Entwicklungspolitik. Die bislang sektoral noch immer isolierten Maßnahmen sollten stärker aufeinander abgestimmt werden. Diesem Ziel dienten neue Organisationsformen, d. h. die Regierungen der Regionen und Provinzen, der Gemeinden, Industrie- und Handelskammern und anderer Gebietskörperschaften des Mezzogiorno bildeten Konsorzien mit Koordinierungsaufgaben. Ihnen unterstellte man die bereits bestehenden Entwicklungsgebiete und Industrialisierungskerne. Die Entscheidungen sollten nicht mehr im fernen Rom, sondern vor Ort auf Grundlage präziser Regionalkenntnisse fallen. Der Zentralismus Italiens stammt vom französischen Vorbild, wurde bereits zwischen 1804 und 1815 auf das napoleonische Besatzungsgebiet Piemont, von dort 1861 auf die Verwaltung des Einheitsstaates übertragen, ohne jedoch wegen der starken kulturellen Nord-Süd-Unterschiede für Italien geeignet zu sein. Gesetzliche Gegenmaßnahmen versuchten ab 1970 die Regionen zu stärken, aber bis heute belastet unverändert der Konflikt zwischen zentralstaatlichem Anspruch und regionalem politischen Bewußtsein alle Bemühungen, die soziale und wirtschaftliche Lage des Mezzogiorno zu verbessern.

Die weitere, nunmehr ausgeprägt selektive Abwanderung von gut befähigten Arbeitskräften aus Süditalien nach Mitteleuropa, verstärkt durch guten Verkehrsausbau, Motorisierung und gestiegene soziale Mobilitätswünsche setzten nunmehr auch Hilfsmaßnahmen der EG in Gang. Der Mezzogiorno, dem bereits in den Römischen Verträgen bei Gründung der EG ein Sonderprotokoll gewidmet worden war, erhielt nun den Rang eines europäischen Problemgebietes. Für die Gewährung von Finanzhilfen wurden die Europäische Investitionsbank (EIB) und der Europäische Regionalfond beauftragt. Damit verlagerten sich die Zuständigkeiten jedoch auf mindestens sieben Ebenen: EG-Verwaltung in Brüssel, Zentralregierung in Rom, Regionsregierung, Provinzregierung, Leitung der Konsorzien, Kommunen, Gebietskörperschaften, die auch vom „Interministeriellen Ausschuß für Wirtschaftsplanung" (CIPE, seit 1971) kaum noch koordiniert werden konnten. Angesichts der vielschichtigen Machtverteilung im kontrastreichen sozialen Gefüge der Mezzogiornobevölkerung, unterschiedlichster wirtschaftlicher Interessengruppen, der zahlreichen gegen die öffentliche Verwaltung gerichteten, ständig an Einfluß gewinnenden Organisationen (Mafia, Camorra, N'Drangheta und vieler kleinerer Banden auf lokaler Basis) und ihrer undurchschaubaren Verflechtung mit der offiziellen Politik kann die geringe Effizienz der in den Süden geströmten Finanzmittel nicht verwundern.

Als ein Haupthindernis für die erfolgreiche Entwicklung des Südens ist jedoch die — trotz Krisenperioden — nachhaltig polarisierende Leistungsfähigkeit der Wirtschaft Norditaliens zu sehen, die besonders seit Mitte der 80er Jahre Italien auf den vierten Platz in der Welt-Rangskala der Industrieländer hat aufrücken lassen. Ihre umfassenden wirtschaftlichen, sozialen und politischen Agglomerationsvorteile schränkten den Bewegungsspielraum der Entwicklungsstrategien für den Süden immer wieder ein. Das Nord-Süd-Gefälle erscheint heute größer denn je, auch wenn 1989 erneute 32,6 Mrd. DM von CIPE für den laufenden fünfjährigen Entwicklungsplan (1989–1993) des Mezzogiorno speziell für die Stärkung der mittelständischen Industrie freigegeben wurden.

7 Industrialisierungsprozeß mit Entwicklungserfolg?

Angesichts der vierzigjährigen Förderpolitik für den Mezzogiorno stellt sich die Frage nach deren Erfolg. Speziell auf die Industrie bezogen erfordert eine entsprechende Antwort die Bewertung der generellen Standortbedingungen, ihrer sozio-ökonomischen und räumlichen Wirksamkeit sowie ihr Verhältnis zu den traditionellen Gewerbebranchen Süditaliens.

7.1 Bewertung der Standortbedingungen

Der Mezzogiorno verfügt über geringe ökonomisch verwertbare Rohstoffe. Lediglich einige Erdgas- und Ölfundstellen (Basilikata, Ostsizilien) verbessern die Energiesituation. Einen entscheidenden Engpaß stellt angesichts der Niederschlagsvariabilität trotz der aufwendigen Errichtung zahlreicher Talsperren der Faktor Wasser für Brauch- und Konsumzwecke dar. Als insgesamt gut darf heute die Verkehrsinfrastruktur bewertet werden. Auch das Binnenland erfreut sich eines dichten Netzes von Allwetterstraßen von der Autostrada bis zu gut ausgebauten lokalen Verbindungen. Gleiches gilt heute für den Energieverbund und die Telekommunikation. Die übrigen Bereiche der Infrastruktur lassen jedoch vielfach Lücken erkennen, z. B. bei der flächendeckenden Gesundheitsversorgung und beim mittleren und gehobenen Einzelhandel. Infolge der politischen Gewährleistung kann der Kapitalfaktor als Subvention oder Kredit für Industrieansiedlung zumindest als befriedigend bezeichnet werden. Große Nachteile entstanden allerdings häufig durch absichtliche, d. h. klientelbedingte und kriminelle Fehlleitung von Finanzhilfen auf dem Instanzenweg. Die Kosten des Produktionsfaktors Arbeit liegen im Mezzogiorno gegenwärtig noch immer weit unter denjenigen Norditaliens (1988: 86 % des italienischen Mittelwertes). Fachlich gut fortgebildete und befähigte Arbeitskräfte fehlen infolge der Emigration und deren selektiver Wirkung trotz hoher Arbeitslosigkeit für zahlreiche moderne Industriebranchen auch heute noch. Dieser Engpaß konnte in der Vergangenheit oft nur durch Zuzug von Fachkräften aus Norditalien überwunden werden.

Eine entscheidende Voraussetzung für die räumliche Tiefen- und die Multiplikatorwirkung des Industrialisierungsprozesses wäre die Mitwirkungsbereitschaft süditalienischer, also autochthoner Initiativen. Diesbezügliche Unternehmeraktivität ist bis heute wenig spürbar. Die Risikobereitschaft bewegt sich nur in engen Grenzen, unternehmerisches Verhalten scheint noch stark von traditionellen, auf kurzfristige Renditen orientierten Investitionsleitbildern (Immobilien, Handel, Kreditgeschäfte, jüngst auch Tourismusprojekte) geprägt zu sein. Die Anlage von selbst erwirtschaftetem Kapital auf längere Sicht in fabrikmäßigen Produktionseinrichtungen ist im Mezzogiorno wesentlich seltener als im Norden. Vollständig fehlt eine eigenständige industrielle Entwicklung aus kleinen handwerklich-gewerblichen Wurzeln, wie sie im vorigen Jahrhundert in Mitteleuropa und in Norditalien als tragende Basis zur Veränderung der Wirtschaftsstruktur geführt hat. Das traditionelle Handwerk sowie die zahlreichen Branchen des produzierenden, z. T manufakturartigen Kleingewerbes, die bereits — wie in Neapel, Palermo und Catania — über Arbeitsteiligkeit und Ansätze zu Massenproduktion verfügen, vollzogen den Schritt zum industriellen take-off nur in wenigen Ausnahmefällen. Die moderne Industrie des Mezzogiorno fußt seit ihren ersten Anfängen während der bourbonischen Herrschaft in Neapel bis heute hinsichtlich Kapital, Organisation und Wirtschaftsziel auf von außen, d. h. aus Norditalien, in wenigen Fällen auch aus Mitteleuropa kommenden Initiativen. Sie wird auch im Spektrum der Wertvorstellungen der Bevölkerung vielfach noch als etwas Mezzogiorno-Fremdes eingestuft, obwohl der persönliche Kontakt mit industrieller Arbeitsweise durch Migration oft weit fortgeschritten ist. Möglicherweise liegt in diesem Umstand trotz der variantenreichen finanziellen Unterstützung eine wesentliche Ursache für die insgesamt geringe Effizienz des industriellen Sektors in Süditalien. Nach Auffassung von *Giuseppe Galasso*, Staatssekretär im „Ministerium für die Kultur- und Umweltgüter", gebürtiger Neapolitaner, erscheint die unmodifizierte Übernahme des

„Nord-Modells" der Industrie als ungeeignete Strategie zur Entwicklung des kulturell anders gestalteten Mezzogiorno. Wiederholt sich hier die kurz nach der staatlichen Vereinigung 1861 bereits früher sichtbar gewordene Abwehr gegen die Aufpfropfung norditalienischer Wirtschafts- und Steuernormen des piemontesischen Musterstaates? Einen nachhaltigen Kontereffekt gegen die geregelte Entfaltung der industriellen Produktionsweise üben ferner die einst ehrenwerten, heute jedoch auf kriminelle Motivationsebenen abgesunkenen Geheimbünde der Mafia und Camorra aus. Sie profitieren zwar parasitär von der Subventionspolitik und verlangen deshalb vehement deren Fortführung; sie errichten auch eigene industrielle Produktionsstätten, um die staatlichen Unterstützungen zu nutzen, sind aber an einer grundlegenden ökonomischen und sozialen Emanzipation des Südens nicht interessiert. Im negativen Sinne könnte man die erheblich zunehmende Breitenwirkung der Mafia heute als eine durch das tiefe Mißtrauen großer Bevölkerungsgruppen gegen die Zentralregierung geförderte „Gegenkultur" sehen. Versucht man die erörterten Faktoren in einer Gesamtbilanz zusammenzufassen, so ist das Gewicht der Standortnachteile industrieller Wirtschaftsformen im Mezzogiorno als beträchtlich zu bewerten.

7.2 Wirkung und Effizienz der Industrialisierungsbemühungen

Nach den gesetzlichen Grundlagen erfolgte die Subventionsvergabe entsprechend des Umfangs der Bruttoinvestition. Logischerweise wurden auf diese Weise teuere, weitgehend hochtechnisierte Produktionsbranchen begünstigt. Da sich die kleinbetriebliche Privatwirtschaft nur in geringem Umfang zur Verlegung ihrer Aktivitäten in den Süden bereitfand, stattdessen die staatlichen Konzerne, also vorwiegend Schwerindustrie und Petrochemie die entscheidenden Aktivitäten ergreifen mußten, war die Monostruktur der frühen industriellen Entwicklungspole vorgezeichnet (*Wagner*, 1977). Erdölverarbeitung in Crotone, Brindisi, Augusta-Syrakus und in Milazzo sowie Rohstahlherstellung in Tarent wählten verkehrsorientierte Küstenstandorte im Sinne der Kostenminimierung von Rohstoffzufuhr und Abtransport der Halbfertigprodukte. In diesen bislang überwiegend agrarisch geprägten Küstenräumen wirkten diese Ansiedlungen nicht nur physiognomisch, sondern auch funktional wie isolierte Fremdkörper. Geplant war allerdings ihre umfangreiche Erweiterung durch Betriebe zur Weiterverarbeitung. Da diese ersten Unternehmen im Rahmen von politischen Entscheidungen gegründet wurden, wobei eine streng ökonomische Bewertung aller, also auch der überregionalen Standortkriterien eine nur untergeordnete Rolle spielte, stellte sich schnell heraus, daß die Weiterverarbeitung trotz des Transportaufwandes in Norditalien kostengünstiger geschehen konnte und betriebliche Folgeansiedlungen im Bereich der südlichen Entwicklungspole seltene Einzelfälle blieben.

Für den Entwicklungspol Tarent, speziell das 1964 vom staatlichen Finsider-Konzern gegründete, nach Erweiterung mit einer Jahreskapazität von schließlich 10 Mio. t Rohstahl pro Jahr größte integrierte Stahlwerk der EG hat *Leers* detaillierte geographische Untersuchungen vorgelegt (1981, insbesondere kurzgefaßt als Interpretation der Karte des Großraumes Tarent im Diercke Weltatlas neu, S. 125 im Sonderheft 10/1988 der Geogr. Rundschau). Während der Stahlhochkonjunktur (1970/73) bot die Neugründung 20 000 Arbeitsplätze im Stahlwerk selbst, weitere 10 000 für Erweiterungs- und Wartungsarbeiten, etwa 5 000 im Maschinenbau sowie 7 000 in traditionellen Bereichen. Diese Arbeitskräfte konnte nur ein großer Pendlereinzugsbereich bereitstellen. Die Einkommenseffekte kamen also einer Mantelbevölkerung von etwa 200 000 Einwohnern unmittelbar zugute. Indirekt profitierte von der Kaufkraftsteigerung auch eine breite Palette anderer Wirtschaftsbereiche einschließlich des Bausektors und des Handels. Insoweit ergab sich ein positives Bild. Diesen Vorteilen stand die Krisenanfälligkeit der Monostruktur gegenüber, die Erzeugung von einfachen Stahlprodukten, für die in ganz Süditalien kein ausreichender Absatz zu finden war, zudem sogar auf billigere Konkurrenz aus Ländern der dritten Welt stieß. Während der Stahlkrise kam es zu umfangreichen Entlassungen und Frühpensionierungen (ca. 5 000 bis 1989). Das Werk wird heute (z. T. entgegen EG-Richtlinien) höher subventioniert als während der ersten Jahre nach der Gründung, um zu große wirtschaftliche und soziale Härten für die Bevölkerung der Provinz Tarent zu vermeiden. Die Kosten der Stahlproduktion sind höher als ihr Nutzen. Der staatliche Finsider-Konzern (heute „Ilva") mußte nach finanziellem Ruin völlig umgeschuldet werden. Seit 1989 versucht man erneut die ursprünglichen Ziele einer integrierten und diversifizierten industriellen Produktionspalette im Nahbereich von Tarent ins Auge zu fassen, bewußt losgelöst von der nunmehr als zu simplifiziert empfundenen Entwicklungspol-Konzeption. Die Situation der großen Erdölverarbeitungsbetriebe an der Küste Apuliens und Siziliens sowie einiger kleinerer in der Basilikata (Basentotal) ist im Prinzip noch schwieriger. Infolge Absatzrückgangs legte man schon 1975 ganze Betriebsteile der 1960 gegründe-

Abb. 7.2/1: Die kapitalintensiven Anlagen der petrochemischen Industrie, hier Augusta südlich von Catania, drangen unvermittelt in agrarische Nutzflächen vor. — Foto: *Wagner*, 1987.

ten petrochemischen Komplexe bei Augusta-Syrakus südlich von Catania (Abb. 7.2/1) wieder still. Während der Hochkonjunktur fanden hier 9000 Menschen Arbeit, allerdings waren sie wegen Facharbeitermangels in der bis dahin rein agrarischen Litoralzone z. T. aus Norditalien angeworben worden. Das Pendlereinzugsgebiet erstreckte sich nur auf wenige nahegelegene Dörfer (*Stein*, 1971), so erreichte auch der Kaufkrafteffekt lediglich geringe Reichweiten. Abgesehen von den im Vergleich zu anderen, arbeitsintensiveren Branchen (z. B. Maschinenbau) dreifach so hohen Investitionskosten pro Arbeitsplatz hat die Chemie-Industrie noch weniger Weiterverarbeitung nach sich gezogen als der Stahlsektor, die Multiplikatorwirkung blieb minimal. Die Erdölderivate werden fast ausschließlich in Norditalien verwertet. Nachhaltig wirkt sich die Umweltbelastung für die nähere Umgebung aus, wie bereits der unmittelbare Augenschein zeigt. Wenn dennoch am Randbereich der älteren Stadtkerne flächendeckend neue Wohnbauten entstanden sind, so vollzieht sich hier der auch in allen anderen Küstenzonen des Mezzogiorno verbreitete Verstädterungsprozeß ohne unmittelbar industriebedingt zu sein.

Positive Breitenwirkung zeitigten die Industrialisierungsbemühungen überall dort, wo man von vornherein eine vielgestaltige Palette mittlerer und kleinerer Betriebe unterschiedlicher Produktionsrichtung vergesellschaftete. Das mitteladriatische Fördergebiet um Pescara (*Sprengel*, 1977) und der Industriepark von Bari sind hierfür vorbildliche Beispiele *Wagner*, 1977, S. 70). Allerdings boten sich hier geschickt vorausgeplante, attraktive Ansiedlungsvorteile: Umfassende Verkehrserschließung, vergünstigte Transporttarife, Einrichtungen der beruflichen Fortbildung für Industriebeschäftigte, individuelle Kreditanpassung und deren Finanzie-

Abb. 7.2/2: Neuere industrielle Entwicklungskerne umfassen vielgestaltige Branchen, auch im High-Tech-Bereich, hier bei Pozzuoli, Golf von Neapel. — Foto: *Wagner*, 1987.

rung sowie differenzierte Unternehmensberatung bei den schwierigen Ansiedlungsverfahren.

In der Folgezeit entstanden auch in anderen Bereichen des Mezzogiorno ähnliche diversifizierte Gewerbe- und Industriekerne mit weiter ausstrahlender Innovationswirkung. Zur Verbesserung der lokalen Arbeitsmärkte richteten die Regionsregierungen im campanisch-lukanischen Erdbebengebiet nach 1980 eine Anzahl von Industrieparks ein, welche von Unternehmen vorwiegend moderner Produktionseinrichtungen angenommen wurden. Auch im Außenbereich der großen Verdichtungsräume z. B. nördlich von Neapel (vgl. Abb. 5.4/3) fanden gut ausgestattete Gewerbeflächen mit ausreichender Verkehrsanbindung und trotzdem ruhiger Lage das Interesse kleiner und mittlerer High-Tech-Betriebe (Abb. 7.2/2), Großhandelsniederlassungen und Metallverarbeitungsunternehmen, teilweise Aussiedler von beengten Innenstadtstandorten, teils Neugründungen. Bei verbesserten Subventionsregelungen, die auch die Anzahl neu geschaffener Arbeitsplätze honorieren und nicht nur nach der Investitionssumme insgesamt bemessen werden, gehen auch die Schein-Gründungen und Geisterfirmen zurück. Sie zeugten früher vom „Mitnahmeeffekt" staatlicher Fördermittel durch norditalienische Unternehmen, die zwar Betriebsgebäude erstellen ließen, mit Parkplätzen, Hausmeister und Hunden ausstatteten, die neu beschafften Maschinen jedoch an Standorte im Norden des Landes mit höheren Fühlungsvorteilen und besseren Rendite-Chancen in Betrieb nahmen.

8 Schlußbetrachtung: Abschwächung der Disparitäten?

Kann damit die Zeit der Errichtung von innovationsarmen Großprojekten im Mezzogiorno als abgeschlossen angesehen werden und eine den lokalen Bedingungen adäquate Form der Industrieansiedlungspolitik beobachtet werden, so stellt sich die grundlegende Frage, ob der Süden am gesamtwirtschaftlichen Wachstum des Nordens, das seit Beginn der 80er Jahre unübersehbar ist, teilnimmt. Drei Indikatoren scheinen hierauf jedoch eine negative Antwort zu geben (*Svimez*, Rapporto 1989): Die Bruttowertschöpfung der Industrie des Südens hat pro Arbeitskraft 1980–1988 von 87 auf 80 abgenommen (Vergleichswert Nord-/Mittelitalien = 100). Besonders nachdenklich stimmt, daß die arbeitsintensiven Industriebranchen in dieser Hinsicht die größten Verluste hatten: Die Leistung der Textilindustrie sank von 72 auf 67, der Metallverarbeitung von 95 auf 74 und der im Süden bodenständigen Lebensmittelindustrie von 79 auf 73 %. Auch diese Branchen haben im Norden höhere Rentabilität und beeinflussen entsprechende zukünftige Unternehmer-Entscheidungen. Die in der öffentlichen Infrastruktur des Mezzogiorno investierten staatlichen Mittel erlangten eine geringere Effizienz als im Norden. Schließlich zeigen die neuesten Untersuchungen, daß nach wie vor im Süden der Konsum größer ist als die produzierende Leistung.

Auch wenn man den Indikator „Wertschöpfung je Einwohner" (Abb. 8/1) nur als einen von verschiedenen Vergleichsmöglichkeiten betrachtet und sich dabei der engen Grenzen seiner Aussagefähigkeit bewußt ist, wird der nach wie vor große wirtschaftsräumliche Kontrast zwischen dem Norden, den zentralen Teilen und dem Süden Italiens deutlich. Selbst die reichste Provinz des Mezzogiorno, Syrakus, erreichte nicht den italienischen Mittelwert. Diese Feststellung darf deshalb so formuliert werden, da alle Entwicklungsbemühungen fast einseitig durch Befolgung ökonomischer Wachstumsziele betrieben wurden. Schwerwiegende Ungleichgewichte zeigen sich auch im sozialen Bereich, da wohl weiterhin ein großer Teil der Einkommen im Norden verdient wird. Nicht so sehr die naturräumliche Benachteiligung, sondern die bislang kaum gemilderte Schädigung des Landschaftshaushaltes durch anthropogene Eingriffe belastet die Zukunft des Mezzogiorno. Die „italieni-

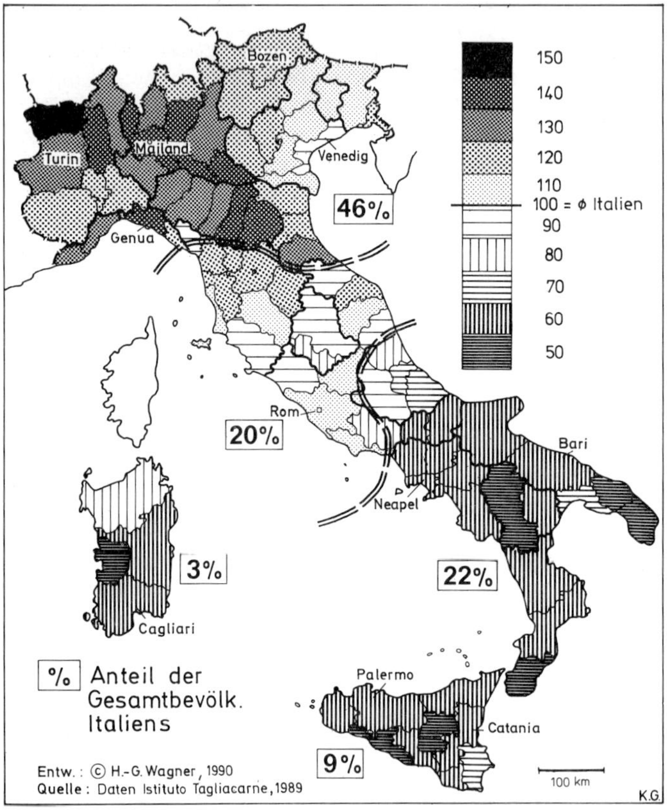

Abb. 8/1: Bruttowertschöpfung pro Kopf nach Provinzen 1989.

sche Südfrage" (*Vöchting*, 1951) wurde nicht gelöst. Im Hinblick auf die Errichtung des europäischen Binnenmarktes ist deshalb davon auszugehen, daß die zentralen Agglomerationsgebiete weitere Aktivitäten auf sich ziehen und die peripheren Räume Europas ihren Rückstand nicht aufholen werden, solange es nicht gelingt, die eigenständigen Kräfte dieser Regionen zu beleben.

Literaturverzeichnis

Aberle, G. u. Hemmer, H.-R., Verkehrsinfrastrukturinvestition und Regionalentwicklung in Süditalien. Hamburg 1987. Schriften der Zentrale für regionale Entwicklungsforschung Gießen, Bd. 33.

Achenbach, H., Nationale und regionale Entwicklungsmerkmale des Bevölkerungsprozesses in Italien. Kiel 1981 = Kieler Geogr. Schr. Bd. 54.

Achenbach, H., Natürliche Standort- und Risikofaktoren der Landwirtschaft im Mittelmeerraum. Z. f. Agrargeogr., 1, 1983, S. 299–312.

Achenbach, H., Bevölkerungsbewegung und Regionalentwicklung in Süditalien. In: Hemmer, H.-R. u. Aberle, G. (Hrsg.), 1985, S. 45–64.

Arnold, A., Der Wandel landwirtschaftlicher Bodennutzung im europäischen Mittelmeerraum. Versuch eines Überblicks. Z. f. Agrargeogr., 1, 1983, S. 313–320.

Bobek, H., Die Hauptstufen der Gesellschafts- und Wirtschaftsentfaltung in geographischer Sicht. Die Erde, 90, 1959, S. 259–298.

Bratzel, P. u. Müller, H., Sozioökonomische Raumstrukturen der EG. Geogr. Rundschau, 34, 1982, S. 164–172.

Brückner, H., Man's Impact on the Evolution of the Physical Environment in the Mediterranean Region in Historical Times. GeoJournal 13, 1986, S. 7–17.

Döpp, W., Die Altstadt Neapels. Marburg 1978 = Marburger Geogr. Schr. Bd. 74.

Dutt, R., Die Industrialisierung als Entwicklungsproblem Süditaliens. Freiburg 1972.
Frallicciardi, A.M., Aspetti del decentramento demografico in alcune regioni del Mezzogiorno. Rivista Geografica Italiana 96, 1989, S. 27–60.
Gerold, G., Untersuchungen zum Naturpotential in Südost-Sizilien. Hannover 1979 = Jb. d. Geogr. Ges. zu Hannover für 1979.
Gerold, G., Agrarwirtschaftliche Inwertsetzung Südost-Siziliens. Hannover 1982 = Jb. d. Geogr. Ges. zu Hannover für 1980.
Golini, A., Distribuzione della popolazione, migrazioni interne e urbanizzazione in Italia. Rom 1974 = Pubbl. Ist. Demogr., Fasc, Sc. Demogr., Univ. Roma, Nr. 27.
Hemmer, H.-R. u. *Aberle, G.*, Entwicklungsperspektiven Süditaliens. Hamburg 1985. Schriften des Zentrums für regionale Entwicklungsforschung der Justus-Liebig-Universität Gießen, Bd. 29.
Klug, H., Meeresverschmutzung.Geogr. Rdsch., 38, 1986, S. 646–653.
Leers, K.-J., Die räumlichen Folgen der Industrieansiedlung in Süditalien — das Beispiel Tarent (Taranto). Düsseldorf 1981 — Düsseldorfer Geogr. Schriften Heft 17.
Leers, K.-J., Tarent — Industrieentwicklung in Süditalien. Geogr. Rundschau, Sonderheft 10/1988, S. 25–31.
Lill, R., Geschichte Italiens vom 16. Jahrhundert bis zu den Anfängen des Faschismus. Darmstadt 1980.
Mancini, M., Le vicende del bosco nel Molise nel XIX Secolo. Atti XXII. Congr. Geogr. Italiano, Salerno 1975, Vol III, Neapel 1979, S. 376–391.
Maury, R.-G., Pollution et dépollution du golfe de Naples. Actes du 106me Congrès National des Sociétés Savantes. Perignon 1981, S. 57–63.
Mensching, H.-G., Ökosystem-Zerstörung in vorindustrieller Zeit. S. 16–27. In: *Lübbe, H.* u. *Stöcker, E.* (Hrsg.): Ökologische Probleme im kulturellen Wandel. Paderborn 1986. Reihe: Ethik der Wissenschaften, Band 5.
Monheim, R., Die Agrostadt im Siedlungsgefüge Mittelsiziliens. Untersucht am Beispiel Gangis. Bonn 1969 = Bonner Geogr. Abh. Bd. 41.
Monheim, R., Marina-Siedlungen in Kalabrien. Beispiele für Akträume. S. 21–37. In: *Rother, K.* (Hrsg.): Aktiv- u. Passivräume im mediterranen Südeuropa. Düsseldorf 1977 = Düsseldorfer Geogr. Schr. H. 7.
Mountjoy, A.B., The Mezzogiorno. Oxford 1973.
Paoletti, A., et al. Analisi chimiche in continuo delle aque costiere. Nuove Annali di Igiene e Microbiologia, 1988, S. 1–40.
Perroux, R., Note sur la Notion de Pôle de Croissance. Economie Appliquée 1955, 1/2, S. 307–320.
Popp, H. u. *Tichy, F.* (Hrsg.), Möglichkeiten, Grenzen und Schäden der Entwicklung in den Küstenräumen des Mittelmeergebietes. Erlangen 1985 — Erlang. Geogr. Arbeiten, Sonderbd. 17.
Rother, K., Die agrargeographische Entwicklung und die Wandelbarkeit der Betriebstypen im Küstenfeland von Metapont (Süditalien). In: *Gerstenhauer, A.* u. *Rother, K.* (Hrsg.): Beitr. z. Geogr. d. Mittelmeerraumes. Düsseldorf 1980 = Düsseldorfer Geogr. Schriften, S. 89–104.
Rother, K., Das Mezzogiorno-Problem. Geogr. Rundschau 34, 1982, S. 154–163.
Rother, K., Mediterrane Subtropen, Braunschweig 1984.
Rother, K. Die aktuelle Bevölkerungsentwicklung in Süditalien. In: *Hemmer. H.-R.* u. *Aberle, G.* (Hrsg.), 1985, S. 65–76.
Rother, K., Agrarian development and conflicts of land utilization in the coastal plains of Calabria (South Italy). Geo Journal 13, 1986, S. 27–36.

Rother, K., Selected Bibliography 1954–1985 Mediterranean Regions. GeoJournal 13, 1986, S. 85–92.
Rother, K., Die Küstenebenen Kalabriens. Landwirtschaft und Landnutzungskonflikte. In: *Popp, H.* (Hrsg.): Probleme peripherer Regionen. Berlin, Vilseck 1987, S. 81–91 (=Passauer Kontaktstudium Erdkunde, Heft 1).
Sabelberg, E., Regionale Stadttypen in Italien. Genese und heutige Struktur der toskanischen und sizilianischen Städte an den Beispielen Flozenz, Siena, Catania und Agrigent. Wiesbaden 1984 = Erdkundl. Wissen 66, Beiheft Geogr. Zeitschrift.
Sabelberg, E., The „South-Italian City" — a Cultural Genetic Type of City. GeoJournal 13, 1986, S. 59–66.
Schinzinger, F., Mezzogiornopolitik. Berlin 1979.
Schinzinger, F., Agrarstruktur und wirtschaftliche Entwicklung in Süditalien. Z. für Agrargeschichte und Agrarsoziologie 31, 1983, S. 153–171.
Schrettenbrunner, H., Bevölkerungs- und sozialgeographische Untersuchung einer Fremdarbeitergemeinde Kalabriens. München 1970 = Berichte zur Regionalforschung Bd. 5.
Schrettenbrunner, H., Schwarzbauten in Italien, Geogr. Rundschau 40, 1988, S. 42–48.
Seuffert, O., Mediterrane Geomorphodynamik und Landwirtschaft. Grundzüge und Nutzanwendung geoökodynamischer Untersuchungen in Sardinien. Geoökodynamik 4, 1983, S. 287–341.
Sprengel, U., Die Wanderweidewirtschaft im mittel- und südostitalienischen Raum. Marburg 1971 = Marb. Geogr. Schr. 51.
Sprengel, U., Junge Industrieentwicklungsgebiete und -kerne in der unteritalienischen Hochgebirgsregion. Marburger Geographische Schr., Heft 73, 1977, S. 81–108.
Stein, N., Die Industrialisierung an der SE-Küste Siziliens. Die Erde, 102, 1971, S. 180–207.
SVIMEZ (Ass. per so sviluppo industriale nel Mezzogiorno). Rapporto sull' economia del Mezzogiorno (jährlich).
Tichy, F., Italien. Darmstadt 1985 = Wiss. Länderkunden, Bd. 24.
Turri, E., L'Italia allo specchio: le recenti trasformazioni del paesaggio e la crisi del rapporto società. Rivista Inf. culturale 31, 1977, S. 1–94.
Vöchting, F., Die italienische Südfrage. Berlin 1951.
Wagner, H.-G., Die Kulturlandschaft am Vesuv. Eine agrargeographische Strukturanalyse Hannover 1967 = Jb. d. Geogr. Ges. Hannover für 1966.
Wagner, H.-G., Der Golf von Neapel. Geographische Grundzüge seiner Kulturlandschaft. Geogr. Rundschau 20, 1968, S. 285–295.
Wagner, H.-G., Wirtschaftsräumlicher Dualismus als System. Geogr. Taschenbuch 1975/76, S. 57–79.
Wagner, H.-G., Industrialisierung in Süditalien. Wachstumspolitik ohne Entwicklungsstrategie? Marb. Geogr. Schriften 73,. 1977, S. 49–80.
Wagner, H.-G., Der urbane Verdichtungsraum am Golf von Neapel. Trends und Chancen seiner wirtschaftsräumlichen Entwicklung. S. 53–76. In: *Popp/Tichy* (Hrsg.), 1985.
Wagner, H.-G., Das Mittelmeergebiet als subtropischer Lebensraum. Zur Wechselwirkung ökologischer und sozioökonomischer Hemmnisse seiner Entwicklung. Geoökodynamik 9, 1988, S. 103–133.
Wagner, H.-G., Die Apenninenhalbinsel. Fischer-Länderkunde, Bd. 8 Europa. Auflage 1989, S. 339–366.
Wagner, H.-G., Innovative Wandlungen der Agrarstruktur am Golf von Neapel. Erdkunde 44, 1990, S. 180–193.

9 Stichwortverzeichnis

Abflußrhythmus 7
Abseitslage 3, 4, 12, 37
Abwanderung 21, 27
Agrarlandschaft 12
Agrarpreise 12
Agrarwirtschaft 12
Agrostädte 12, 26
Arbeitsaufwand 13
Arbeitsmarkt 22, 23, 24, 26, 31
Area Metropolitana 27, 30
Aufforstung 10, 14
Autoindustrie 29
Betriebssystem 12, 13
Bewässerung 7, 13, 30
Bevölkerungsentwicklung 15, 18, 30
Bevölkerungsdichte 13, 15
Bevölkerungszunahme 15, 16
Binnenwanderung 20, 22
Böden 8
Bodenerosion 6, 7, 10, 12, 14
Bodenpreise 13
Branchenstruktur 31
Bruttoinlandsprodukt 3, 37, 38
Cassa per il Mezzogiorno 8, 32
Chemie-Industrie 36
Dekonzentration 29
Dienstleistungssektor 22, 26
Disparitäten 3, 4, 12, 37
Economia sommersa 23, 24
Eigentumsverhältnisse 12
Emigration 19, 21, 34
Entwicklungspole 32, 35
Ertragsrisiken 12
Erdbeben 7
Erwerbsstruktur 22, 24
Europäischer Regionalfond 8, 28, 33
Europäische Investitionsbank 33
Familienunternehmen 28
Familienzyklus 21
Fernwanderung 21
Fernwasserleitung 8, 11
Feuchtedefizit 6, 8
Finanzhilfen 32, 34, 35
Flächenkonkurrenz 13, 15, 23
Fruchtbaumkulturen 13
feudales System 6, 25
Gastarbeiter 13, 19
Gebirge 7
Gebirgsentvölkerung 19, 20
Geburtenüberschüsse 15, 16, 18
Getreidebrachwirtschaft 6, 12
Gewerbeflächen 27, 37
Grenzertragsböden 9, 19
Großeigentum 12
Gesundheitsversorgung 34
Grundrente 25
Grundwasser 8
Handwerk 26, 29, 34

Höhengrenzen der Vegetation 10
Hügelland 7
hygrisches Risiko 6
Industrialisierung 28, 34, 36
Industrieregionen 26
Interministerieller Ausschuß
    für Wirtschaftsplanung (CIPE) 33
italienische Südfrage 3, 37
Jugendarbeitslosigkeit 24
Karstwasserhaushalt 7
Kleineigentum 12
Kapitaltransfer 21, 34
Konjunkturzyklen 21
Kreidekalktafel 7
Küstenniederung 7, 8, 13, 15, 19, 35, 36
Kulturpflanzen 10
ländlicher Raum 12
Landarbeiterproletariat 26
Landschaftshaushalt 4, 8, 10, 12, 37
Land-Stadt-Wanderung 22
Landwirtschaft 12
Laubwald 9
naturräumliche Struktur 4
Macchie 12
Mafia 33, 35
Marina-Siedlungen 19
Marktbedingungen 6
Meliorationsgebiete 13
Mezzadria 6
Migration, Mobilität 15, 16, 18, 19, 20, 21,
    22, 27, 34
Mischkulturen 13
Mißernten 6
Mitnahmeeffekt 37
Mobilität 19, 21
Monostruktur 35
Neubautätigkeit 19, 27
Niederschlagsverhältnisse 5, 6, 34
Norditalien 4, 22, 29, 34, 35, 36
Nord-Süd-Gefälle 17, 33
Nutzungsvereinfachung 13
Oberflächenabfluß 8
Olivenkulturen 13
Ökosystem 4, 12
Pacht 6
piemotesischer Musterstaat 35
planetarischer Wandel 4
Produktionsfaktoren 29
Produktivität 14
Regionalpolitik 7, 11, 26, 32, 34, 35, 37
Regenerationsfähigkeit 9, 11
Relief 7
Rentenkapitalismus 6
Rodung 5
Römische Verträge 33
Rohstoffe 34
Rückwanderung 19, 21, 28
Schadstoffbelastung 8

Schattenwirtschaft 22, 24, 28
Schwerindustrie 35
Selbstversorgungsgrad 12
Sozialstruktur 6, 19, 21, 27, 37
Sommertrockenheit 4
staatliche Einigung 4
Staatsbeteiligung 32
Stadtentwicklung 12, 25ff.
Stahlwerk 28, 35
Starkregen 6, 10
Staudämme 8
Subvention 32, 34, 35
Textilindustrie 26
Transporttarife 36
Torrenten 6
Transhumanz 10
Trockenfeldbau 12
Unternehmeraktivität 34
Vegetation 8, 10
Verdichtungsräume 8, 24, 26, 27, 31
Verdunstung 13
Verkehrsinfrastruktur 27, 28, 29, 34
Verstädterung 13, 20, 26, 30, 312
Viehhaltung 10
vulkanischer Formenschatz 7
Verdunstung 4
Waldregeneration 10
Wanderungssaldo 20, 22
Wasserhaushalt 7, 10, 13, 14
Weidewirtschaft 10
Wertschöpfung 3, 37, 38
Wertvorstellungen 17, 34
Winterregen 4
Wirtschaftsförderung 26, 32, 33
Wirtschaftswachstum 23, 29
Wirtschaftssektoren 23
Zentralismus 33